LE DURCISSEMENT DU RÉGIME DE TRANSITION AU MALI

Collection « Études africaines »
dirigée par Denis Pryen et son équipe

Forte de plus de mille titres publiés à ce jour, la collection « Études africaines » fait peau neuve. Elle présentera toujours les essais généraux qui ont fait son succès, mais se déclinera désormais également par séries thématiques : droit, économie, politique, sociologie, etc.

Dernières parutions

Issoufou Soulé MOUCHILI NJIMOM et Fidèle MVIADAMBA MINDJEME (dir.), *Etat et développement en Afrique*, 2023.
Zacharie BAENDA FIMBO, *Résolution des différends individuels et des confits collectifs du travail. L'exemple du droit social congolais*, 2023.
Jean-Alexis MFOUTOU, *Sur les petits métiers de la rue et de la débrouille au Congo-Brazzaville, Vitalité linguistique et dynamique langagière*, 2023.
Jean-Dominique PÉNEL (dir.), *L'écriture d'Ousmane Sembène dans* Niiwam, 2023.
Lambert EKANGA LOKOKA, *L'enseignement de l'Histoire à l'école secondaire en R.R.C. Intentions d'une réforme et pratiques de terrain*, 2023.
Roger NGOUFO, Paul TCHAWA et Moïse TSAYEM DEMAZE, *Environnement tropical et développement territorial. Pour une géographie décloisonnée et appliquée*, 2023.
Abdoulaye Aboubacrine, *Droit international de l'environnement et droit malien. Vers un droit africain harmonisé de l'environnement*, 2023.
Victor PUATI VANGU, *Les impératifs du développement industriel durable en République démocratique du Congo. Face aux exigences de l'éthique et du leadership*, 2023.
Arsène ELONGO, *Métaphore dans la culture congolaise*, 2023.
Jaribu MULIWAVYO, *Procès contre les rebelles ADF À Beni, Récit d'une tragédie politico-judiciaire*, 2023.

Balla Cissé

LE DURCISSEMENT DU RÉGIME DE TRANSITION AU MALI

Préfaces de Léon Koungou
et de Éric M. Ngango Youmbi

L'Harmattan

Du même auteur

Le juge, la doctrine et le contrôle des lois de révision de la Constitution, L'Harmattan, 2019.

La fin de la IIIe République au Mali, Histoire constitutionnelle 18 août 2020-28 mai 2021, L'Harmattan, 2022.

5-7, rue de l'Ecole-Polytechnique, 75005 Paris
http://www.editions-harmattan.fr
ISBN : 978-2-336-41838-4
EAN : 9782336418384

À mes parents et à mes enfants
À mon ami Marc VILLA
À mon ami Modou KAMARA

« La succession à la tête de l'État n'allait jamais de soi, elle ne pouvait s'opérer que par un renversement par l'armée. La situation était telle qu'on a fini par croire qu'en Afrique le pouvoir ne s'arrache plus qu'il ne se donne. Aujourd'hui l'Afrique francophone vit pleinement sa dictature émotionnelle. Le passé illustre son présent et jette des ponts sur l'avenir. De plus en plus la démocratie et ses principes traditionnels qui le caractérisent en Occident relèvent de l'exception, les putschs se substituent aux élections pour faire basculer les gouvernements.

Le mode par excellence de dévolution du pouvoir est la force et le coup d'État. Ce dernier est devenu une institution. En fait la tendance est vers les relèves au pouvoir par coups d'Etat et révolutions que par transfert de pouvoir pacifique. À quelque exception près, la dévolution du pouvoir par la voie des urnes est quasiment impossible dans l'espace francophone. Somme toute dans la plupart des cas on n'organise pas les élections pour les perdre. »[1]

---

[1] KOUNGOU Léon, *Sahel indocile, Coup d'État institution et impuissance de la puissance française, édition l'Harmattan, collection Études africaines*, série Politique, Paris, 2023, p. 28

PREMIÈRE PRÉFACE

Le coup d'Etat qui met fin au régime du président Ibrahim Boubacar Keita le 18 août 2020 est venu confirmer une donne implicite longtemps partagée dans les sociétés sahéliennes. En fait dès lors que la dévolution du pouvoir au sommet de l'Etat devient impossible alors que, constitutionnellement, rien ne l'y oppose, le coup d'Etat devient une institution. Le coup d'Etat est devenu un vecteur d'alternance au sommet de l'Etat. Et les peuples du Sahel y adhèrent de plus en plus massivement. Les exemples du Mali, du Burkina Faso, de la Guinée ou du Niger, malgré les condamnations des instances régionales (CEDEAO) et internationales de régulation ou des chancelleries, l'attestent.

Toutefois pour les peuples avides de démocratie, le changement impulsé par les militaires pourrait être un leurre. Dans la plupart des cas, une démocrature fait place à une dictature décomplexée, exprimant sans fioriture la volonté de contrôle sans partage du pouvoir au sein de l'Etat. Dès lors le Parlement est érigé en une chambre d'enregistrement, et le pouvoir judiciaire devient un facteur d'élimination de quelques voix dissonantes. À ce titre ce livre apparaît non seulement d'actualité mais également très instructif.

Le Mali est présenté comme un laboratoire d'expression d'un régime contre-nature, au regard de la transition mise en place par le président Assimi Goïta. La typologie du régime est questionnée dans la mesure où le pays est régi par deux textes fondamentaux d'une valeur plus ou moins égale. Mais il s'agit d'outils de cristallisation voire de légitimation d'un régime politique que certains analystes, à l'instar du Docteur Balla Cissé, qualifie d'hybride. Toutefois le peuple qui était massivement descendu dans les rues le 18 août 2020 pour acclamer les militaires et saluer la libération du pays a totalement déchanté. Malgré des tensions politiques notamment entretenues par la question Touareg, et l'insécurité rampante impulsée par la dynamique transnationale du terrorisme, le Mali reste néanmoins un Etat souverain. La junte au pouvoir met progressivement en place un régime présidentialo-militaire alors parti pour durer. C'est le déroulement d'une transition interminable ; d'une nouvelle phénoménologie de pouvoir dans les sociétés sahéliennes que le Docteur Balla Cissé saisit ici.

D'abord juriste, parce que docteur en droit public, le Docteur Balla Cissé est également politiste dans la mesure où il ne se limite pas à faire du juridisme. L'approche et la présentation de la dynamique des institutions, leur fonctionnement, et les interactions entre acteurs impliqués, en font une œuvre pertinente dans l'étude des phénomènes de pouvoir dans l'espace politique sahélien. Pour faire simple, nous dirons que le Docteur Balla Cissé saisit l'organisation du régime présidentialo-militaire du Mali (exécutif, législatif, judiciaire), puis il met en relief les interactions entre différents pouvoirs. De cette lecture interne des interactions, il apparaît un réel durcissement du pouvoir avec la création de mécanismes ad hoc, qui à y regarder de près, jettent les bases profondes de la démocrature. Le peuple adhère à marche forcée, grâce à des referendums dont le résultat est connu d'avance. Le Mali tourne progressivement le dos à la démocratie de type occidental, faute de transparence.

Le livre pose une réflexion sur la solidité du régime. Le Docteur Balla Cissé fait état du coup d'Etat démocratique quotidien pour souligner l'emprise des hommes en treillis sur Bamako (la capitale) et donc sur le pouvoir. Car dans cet espace politique, qui tient la capitale tient théoriquement le pouvoir, même sans avoir l'autorité sur l'ensemble du pays. Les militaires contrôlent aussi bien les pouvoirs (exécutif, législatif, judiciaire) que les contrepouvoirs. Grâce à l'expression de la démocratie dite clientélaire, des personnes en vue de l'opposition et de la société civile se voient attribuer des strapontins. Dès lors le Premier ministre n'est plus que le premier des ministres. En fait son pouvoir n'est pas significatif. Le véritable pouvoir est tenu par le président de la transition qu'assistent quelques menins.

Avec cette réflexion de 112 pages, le Docteur Balla Cissé fait œuvre utile. Le livre vient combler un vide dans la mesure où, malgré un focus sur le Mali, il fait également des ouvertures sur les événements politiques marquants en Guinée, au Burkina Faso et au Niger. Il s'agit d'autant de grandes périodes de l'histoire des régimes présidentialo-militaires dans le Sahel que d'affermissement de dictatures en Afrique francophone. Dans l'opérationnalité desdits régimes, il apparaît un renforcement de liens et une forme de solidarité qui n'est pas sans fragiliser les instances de régulation instituées à l'échelle sous-régionale, dont la CEDEAO, alors insuffisamment outillée pour arrêter la vague des coups d'Etats-institutions.

Léon KOUNGOU,
Professeur de relations internationales
à l'Université Paris-Saclay.

Seconde préface

Balla Cissé est un chroniqueur constitutionnel corrosif et inlassable, qui s'affirme progressivement, avec un nombre impressionnant de chroniques, de billets d'humeur et d'articles, comme un observateur privilégié des transitions politiques à l'œuvre en Afrique de l'Ouest (au Mali en particulier) et au-delà. En témoigne le présent ouvrage qui fait suite à un précédent sur *la Fin de la Troisième République au Mali* et en constitue d'ailleurs le complément indispensable.

Cette parution lui avait permis de passer au crible de la critique les premiers pas de la Transition. Nul ne pouvait imaginer que les militaires qui prirent les commandes du Mali le 18 août 2020 dresseraient une tente à l'ombre du pouvoir et s'établiraient presque le temps d'un mandat présidentiel aux États-Unis. Face à ce régime « provisoirement définitif » et « exceptionnellement autoritaire », l'on peut comprendre que l'auteur revienne avec un essai qui sonne à nouveau la charge, en s'intéressant au régime politique instauré et appliqué par les militaires au pouvoir au Mali. Dès les premières pages, il informe clairement sur son objet et son point de vue. Adoptant un ton à la fois didactique et ironique, Balla Cissé explique avec, un sens palpable de la pédagogie, les moyens employés par la junte pour se maintenir au pouvoir.

Son indignation légitime de Malien et de juriste spécialisé dans le droit constitutionnel est difficilement contenue devant ce qui paraît à l'évidence comme une impasse politique. Le contraste entre les promesses des autorités de fait au Mali et leurs actions nourrit davantage son pessimisme. Si, conformément, au « Plan d'action du gouvernement », la junte a en effet organisé des assemblées nationales de la refondation et commencé à appliquer ses conclusions publiées fin décembre 2021 – lui fournissant un cadre prétendument légitime par lequel elle pourrait demeurer au-delà du terme fixé, soit jusqu'à l'élection présidentielle de 2024 –, il faut regretter non seulement le durcissement du régime transitionnel, mais aussi l'autorisation, par la loi électorale du 24 juin 2022, sous certaines conditions, donnée aux autorités de la Transition de présenter leur candidature. Il faut par ailleurs déplorer les déconvenues de la nouvelle Constitution adoptée suivant un procédé bizarroïde, largement rejetée par les forces vives de la Nation et vertement critiquée par les constitutionnalistes.

Avec un talent qui ne doit rien aux devins, l'auteur expose d'ores et déjà les enjeux et les défis de 2024. Il indique les lignes rouges constitutionnelles que le régime de transition au Mali ne devrait pas franchir. Mais, hélas !, depuis 2020, il est semblable au prophète qui crie dans le désert et n'a pour seul écho le son de sa voix. Ce qui m'amène à dire, comme Victor Hugo en son temps à propos des poètes : « Peuples ! Écoutez les constitutionnalistes : ils ont le front éclairé ! ».

Il faut constater aujourd'hui, pour le déplorer aussitôt, que, après avoir expérimenté bien des régimes militaires, puis proclamé avec ferveur la démocratie et le multipartisme, le continent africain semble, au cours des trois premières décennies de ce XXIe siècle, frappée du syndrome de Stockholm, se complaisant au diktat des militaires. Les événements en cours au Mali, en Guinée, au Burkina Faso, au Gabon interrogent le droit constitutionnel tel qu'il s'est construit et sédimenté en France dès 1834. Pris en défaut par la réalité, ce droit doit se renouveler. Par ses travaux, Balla Cissé participe à sa manière au grand chantier auquel est occupé l'auteur de cette Préface : la construction d'**un droit constitutionnel transitionnel.**

Il ne me reste plus qu'à recommander fortement ce nouvel ouvrage aux autorités de la junte (du Mali et d'ailleurs), ainsi qu'aux collègues désireux de démêler l'écheveau alambiqué des problèmes politico-constitutionnels que subit le Mali. Accessible et très stimulant, il saura satisfaire la curiosité du grand public.

Pr Éric Marcel Ngango Youmbi
Agrégé de droit public
Membre de l'Association internationale
de droit constitutionnel

Avant-propos

La maturation de la pensée politique et constitutionnelle en Afrique est très lente. Les remises en question des citoyens engagés, les débats de qualité, les élections sont reportées *sine die* ou aux calendes grecques. Le référendum du 18 juin 2022 sur le projet de Constitution et la promulgation de ce texte le 22 juillet 2023 résument cet échec : une commission obscure a écrit la nouvelle loi et une très petite minorité de Maliens l'ont approuvée. Même si la IVe République détient une valeur juridique, sa légitimité n'existe pas. Ce constat annonce des transgressions, peut-être au moyen d'un coup d'État. Encore. Au lieu de régler les problèmes en encadrant l'action publique, la Constitution est donc devenue une arme dangereuse. C'est pour dénoncer et pour expliquer ce paradoxe que j'ai eu l'idée d'axer la description de la Transition sur le durcissement du régime. Ce petit livre est ainsi la suite du précédent, qui montrait l'installation des colonels au palais présidentiel et la fin quasi officielle de la IIIe République.

Cet essai diffère de l'autre, car il présente autrement le travail de recherche qui m'occupe quotidiennement, depuis un peu plus de trois ans, sur le régime transitoire au Mali[2]. Après avoir lu nombre d'essais et d'articles sur ce

[2] Voir CISSE Balla, *La fin de la IIIe République au Mali- Histoire constitutionnelle (18 août 2020-28 mai 2021), Préface de Jean du Bois de Gaudusson, avant-propos de Eric M.Ngango Youmbi, édition l'Harmattan, collection Études africaines*, Paris, décembre 2022, 214 p.

thème, après avoir rédigé moi-même plusieurs dizaines d'articles, il m'a semblé intéressant de présenter le résultat d'une réflexion personnelle, c'est-à-dire déliée le plus possible des influences de chercheurs, de journalistes, de commentateurs divers. Aucune note ne figure donc en bas de page. Ce livre mêle ainsi développements de vulgarisation scientifique et passages critiques à la limite du pamphlet. Le ton est à la fois didactique et ironique. Il vise – sans prétention ! – à faire comprendre au lecteur les moyens employés par la junte pour rester au pouvoir et à le faire réfléchir sur l'usage du constitutionnalisme en Afrique et sur son succès. De nouveau, j'ai cherché à être le plus clair possible en livrant mes raisonnements sans artifice littéraire, avec simplicité, tout en ajoutant des remarques parfois acerbes contre les agissements de dangereux incompétents : elles traduisent mon indignation légitime de Malien et de juriste spécialisé dans le droit constitutionnel.

Je dédie ce travail à tous les peuples soumis à des dictatures. Puisse-t-il contribuer à faire progresser, même modestement, la pensée relative à la loi en Afrique.

Fait à Paris, 22 août 2023

Préambule

La transition malienne : les caractéristiques hétéroclites d'un régime contre-nature (18 août 2020 – 23 juin 2022). Rappel des faits

Des officiers supérieurs commettent un coup d'État au Mali le 18 août 2020. Un colonel-major, Assimi Goïta, est alors désigné chef de l'État ; un autre colonel, Malick Diaw, accède à la présidence du nouveau Conseil national de Transition (CNT) ; un autre, encore, Sadio Camara, est nommé ministre de la Défense et des Anciens Combattants, tandis qu'un lieutenant-colonel, Abdoulaye Maïga, prend la tête du ministère de l'Administration territoriale et de la Décentralisation, pendant que le ministère de la Sécurité et de la Protection civile passe aux mains d'un colonel-major, Daouda Aly Mohammedine, et que le colonel-major Ismaël Wagué accède au ministère de la Réconciliation, de la Paix et de la Cohésion nationale, chargé de l'Accord pour la paix et la réconciliation nationale. Des opposants politiques sont emprisonnés, la Constitution de la IIIe République est remplacée par la Charte de la Transition… Cette énumération suffit *a priori* à qualifier le régime malien de dictature militaire. Mais la lecture des textes adoptés par la junte dès son arrivée au palais de Koulouba et l'observation de sa pratique du pouvoir obligent à préciser une telle affirmation, à expliquer l'originalité du système en place et le danger qu'il fait courir à l'État et à l'Afrique de l'Ouest notamment. Il apparaît en effet que la Transition malienne est un régime à nul autre pareil dans l'histoire du constitutionnalisme, une organisation étatique inclassable que les théories constitutionnelles classiques n'ont pas prévue. Ce caractère atypique provient de la coexistence originale de la Constitution de la IIIe République et de la Charte – en réalité seule loi fondamentale reconnue et appliquée. Il repose aussi sur le régime politique en place, mêlant régime semi-présidentiel et régime présidentiel dans le cadre d'une Transition. Il tient également à la place infime laissée aux citoyens dont la participation directe et la représentativité sont quasi inexistantes. Il procède enfin de la délégation de souveraineté consentie par la junte à des tiers.

La coexistence de deux textes fondamentaux

Jamais les militaires putschistes menés par Assimi Goïta n'ont suspendu la Constitution, contrairement à leurs prédécesseurs. L'Acte fondamental publié le 24 août 2020, soit deux jours après la chute d'Ibrahim Boubacar Keïta (IBK), indique même, dans son préambule, se fonder sur le texte de 1992. Cependant, l'article 41 rend supérieur l'Acte fondamental avec les termes suivants : « *Avant l'adoption d'une Charte pour la Transition, les dispositions du présent Acte qui s'appliquent comme dispositions constitutionnelles complètent, modifient ou suppléent celles de la Constitution du 25 février 1992. Toutefois, les dispositions de la Constitution du 25 février 1992 s'appliquent tant qu'elles ne sont pas contraires ou incompatibles avec celles du présent Acte* ». Publiée au *Journal officiel* le 1er octobre suivant, la Charte de la Transition donne la même règle en son article 25 : « *En cas de contrariété entre la Charte de la Transition et la Consti-*

tution du 25 février 1992, les dispositions de la présente Charte s'appliquent ». Coexistence de deux normes de même nature constitutionnelle, certes, mais suprématie de l'une. Cette décision, au départ reconnu par la junte uniquement, accède au rang de principe dès lors que, le 28 mai 2021, la Cour constitutionnelle rend un arrêt relatif à la vacance de la présidence de la Transition et qu'elle affirme que le vide juridique créé par les conditions de reconnaissance de cette situation (procédure, mode de saisine…) « *ne saurait bloquer le fonctionnement des organes de la Transition et l'activité des Pouvoirs Publics* ». La IIIe République étant ainsi officiellement réduite au rang de norme inférieure par l'institution la plus élevée en matière de justice constitutionnelle, on peut la considérer comme morte. Même si le régime militaire la brandit comme une référence, comme le repère de son action, elle n'a désormais qu'une forme inconsistante. Le prouve le régime politique incongru qui organise les pouvoirs – c'est ce que nous avons détaillé dans *la Fin de la IIIe République au Mali. Histoire constitutionnelle. 18 août 2020-28 mai 2021*[3].

Un régime politique hybride

La Charte de la Transition du 1er octobre 2020 ordonne l'État selon un régime tricéphale : le président de la Transition et le vice-président sont choisis par un collège de désignation mis en place par le Conseil national pour le salut du peuple (CNSP) et le Président nomme un Premier ministre. Ce système fait la part belle au vice-président, étant donné ses prérogatives larges, car imprécises (veiller

---

[3] CISSE Balla, *La fin de la IIIe République au Mali- Histoire constitutionnelle (18 août 2020-28 mai 2021), Préface de Jean du Bois de Gaudusson, avant-propos de Eric M.Ngango Youmbi, édition l'Harmattan, collection Études africaines*, Paris, décembre 2022, *op.cit.*214 p.

au respect de la Constitution et de la Charte ; traiter les questions de défense et de sécurité), mais, après le deuxième coup d'État, la vice-présidence disparaît de fait, puis de façon officielle une fois que la Charte est modifiée, en février 2022. La junte veut ainsi « *éviter les duplications des missions et permettre au ministre chargé de la Défense et au ministre chargé de la Sécurité de recouvrer et d'exercer la plénitude de leurs attributions traditionnelles* ». Les pouvoirs restent alors entre les mains d'un Président et d'un Premier ministre. À un régime vice-présidentialiste succède un régime semi-présidentiel, mais ce n'est qu'une apparence, car le gouvernement n'est pas responsable politiquement devant le Parlement pour deux raisons : la première est que la Charte ne prévoit pas cette disposition, la seconde est que, même si la Constitution la mentionne, elle est inapplicable au vu de l'arrêt du 18 décembre 2020 de la Cour constitutionnelle, qui refuse de considérer les membres du CNT comme des députés, bien qu'ils constituent, à ses yeux, un Parlement. Dans le régime de Transition, le pouvoir est donc confié au seul Président, comme dans tout régime présidentiel, ce qui l'expose directement au peuple et engendre un risque fort d'impopularité et d'instabilité, mais en théorie seulement, les citoyens n'ayant pas l'occasion de s'exprimer dans les urnes.

La place du peuple en question

Dans le domaine aussi de la participation du peuple à la vie politique, il est aisé de démontrer les contradictions de la junte, lesquelles concourent à créer un régime saugrenu : en principe, sous le régime des colonels, la démocratie demeure, le préambule de la Charte insistant sur l'« *attachement aux valeurs et* [aux] *principes démocratiques inscrits dans la Charte africaine de la démocratie, des élections et de la gouvernance du 30 janvier 2007 de l'Union africaine et dans le Protocole A/SP1/12/01 du 21 décembre 2001 de la Cédéao sur la démocratie et la bonne gouvernance* ». Le Premier ministre Choguel Maïga, dans un entretien du 21 février 2022 donné à RFI justifie cette mise à l'écart : « *La démocratie ne se ramène pas aux élections* » ! En effet, comme nous le verrons, le peuple ne donne son avis que le 18 juin 2023, comme nous le verrons. Précisons aussitôt que des citoyens ont toutefois siégé aux Assises nationales de la refondation du Mali qui, fin décembre 2021, rend des conclusions censées modifier la Charte. Cette représentativité n'est cependant pas crédible, car les membres de ces réunions ont été nommés par le président de la Transition. Expression démocratique, oui, mais aux conditions du pouvoir ! Il en va de même du CNT, qui n'est pas un Parlement véritable : les cent quarante-sept hommes et femmes qui le composent ont été choisis, selon la volonté du président de la Transition, dans une liste de groupes censés illustrer la diversité de la nation, mais n'ont aucunement été élus par les citoyens. La contradiction est nette : la Transition érige en principe la légitimité populaire, puisque les putschistes, dans le préambule de la Charte, rappellent avoir agi selon « *un élan de sursaut national pour* [...] *le renouveau de la démocratie et de la citoyenneté* », mais la junte néglige le peuple, continuant de gouverner seul, en tout cas sans les Maliens.

La question de la souveraineté

Parce qu'elle en est incapable, l'armée n'assure plus la sécurité du territoire national ; elle s'est même retirée du nord du pays, aux mains des islamistes. En laissant la porte ouverte aux paramilitaires de Wagner, les dirigeants maliens confient leur sécurité à une organisation russe que la France a désignée comme criminelle. Présent en Afrique pour en récupérer les ressources naturelles, ce groupe échoue pourtant à contenir les islamistes – plus de deux mille civils sont assassinés entre janvier et août 2022 –, mais triomphe par sa propagande contre l'Occident, contre la France en particulier. Des vidéos diffusées sur internet en font le principal responsable des problèmes d'insécurité et de corruption.

Introduction

« *Le gouvernement de Transition exige du président Macron d'abandonner définitivement sa posture néo-coloniale, paternaliste et condescendante.* » Cette diatribe prononcée le 31 juillet 2022 après la remarque du Président français critiquant les crimes de l'armée malienne accomplis avec le groupe Wagner pourrait paraître anodine, la junte provoquant régulièrement ses anciens alliés depuis le 18 août 2020, mais elle est prononcée par le ministre Abdoulaye Maïga, qui allait bientôt être nommé Premier ministre par intérim et qui s'apprêtait à défendre la politique de la « *souveraineté retrouvée* » quelques mois plus tard. Cette figure mise en avant par le président de la Transition, Assimi Goïta, incarne le changement du régime. En effet, après des adaptations diverses les premiers mois suivant le premier coup d'État, les fondations du régime militaire malien sont posées quand la Charte de la Transition atteint sa reconnaissance maximale une fois rendu le jugement de la Cour constitutionnelle du 28 mai 2021. En juin, Assimi Goïta est investi président de la Transition, nomme Choguel Maïga Premier ministre et, à partir du 30 juillet 2021, conformément au « Plan d'action du gouvernement », la junte organise les Assemblées nationales de la refondation et commence à appliquer ses conclusions, publiées fin décembre 2021, qui lui fournissent un cadre prétendument légitime par lequel elle va se solidifier et ainsi se maintenir au-delà du terme fixé, c'est-à-dire l'élection présidentielle : parmi celles-ci, la Transition est prolongée de vingt-quatre mois et le chef de l'État crée une commission de rédaction chargée d'élaborer un avant-projet de loi portant Constitution. Mais peu après, s'ouvre une nouvelle période de son histoire : à partir du 24 juin 2022, date de la promulgation de loi électorale autorisant les colonels à se présenter aux élections, et jusqu'au 22 juillet 2023, jour marquant le commencement de la IVe République, le régime se durcit dans la perspective de l'élection présidentielle, reportée à février 2024. De quelle façon ? Pour répondre, nous montrerons, dans une première partie, comment les colonels fortifient l'ordre constitutionnel à leur avantage. Nous expliquerons ensuite que les manifestations contre le projet de Constitution posent toutefois la question de la solidité de la Transition, contestée aussi par ses anciens alliés, et en son sein même, tandis que l'élection présidentielle approche. Enfin, nous verrons que le coup d'État au Niger de juillet 2023 donne à la junte l'occasion de se renforcer en nouant des liens avec les putschistes installés à Niamey, et en consolidant ceux qu'elle a déjà tissés avec les dictatures militaires en Guinée et au Burkina Faso.

I. Le durcissement des règles constitutionnelles : vers un régime présidentiel et militaire

« Le coup d'Etat est (...) une opportunité de changement [de régimes politiques dans l'histoire politico-constitutionnelle en Afrique de l'Ouest plus particulièrement au Mali]. Le bouleversement en violation de la constitution permet pour un temps d'installer un gouvernement légitime que les périodes de transition interminables et la corruption de l'élite politico-militaire finit par décrédibiliser et, ce faisant, à exposer à un contrecoup. Le putschthérapie est un régulateur politique paradoxal. Les contre-pouvoirs internes à la junte s'expriment par le phénomène de l'auto-ajustement ou la menace permanente du contrecoup. Peut-on pour autant dire que le pouvoir arrête le pouvoir ? Ce mécanisme d'équilibre cher aux démocraties solides ne fonctionne pas dans les régimes dits de transition. »[4]

La domination de l'armée une fois établie, les dirigeants de la junte s'organisent constitutionnellement pour empêcher leurs opposants de leur succéder. Leur méthode pour cela consiste à donner les gages d'une restitution programmée et imminente du pouvoir au moyen

[4] KOUNGOU Léon, *Sahel indocile, Coup d'État institution et impuissance de la puissance française, édition l'Harmattan, collection Études africaines,* série Politique, Paris, 2023, *op.cit.* p. 143.

d'élections : en février 2024, suivant le chronogramme de juin 2022 accepté par la Communauté économique des États de l'Afrique de l'Ouest (Cédéao), la présidentielle est censée marquer la fin de la Transition. Avant cela, une Constitution doit permettre d'assainir un système corrompu. Mais les circonstances dans lesquelles le droit constitutionnel s'élabore et s'applique montrent le durcissement du régime et l'échec d'une IVe République pourtant balbutiante.

Une élaboration constitutionnelle à marche forcée

Depuis que la Cour constitutionnelle a reconnu, le 28 mai 2021, la supériorité de la Charte de la Transition sur la norme fondamentale de 1992, la Constitution du Mali a cessé d'exister. La junte a pourtant continué de tromper une partie du peuple en lui faisant croire que son action se référait toujours au texte instituant la IIIe République : nécessité vitale pour un régime cherchant à se légitimer pour rester au pouvoir. Mais cette mystification ne pouvait durer. Constatant que les vingt-quatre mois supplémentaires au pouvoir qu'elle s'était accordés entraînaient bien des contestations – de ses anciens alliés du Mouvement du 5 Juin – Rassemblement des forces patriotiques (M5-RFP) notamment, tel l'imam Dicko et, toujours, de la communauté internationale –, la junte s'est vue obligée de faire une concession pour se maintenir à la tête du Mali, tout en apaisant les tensions : c'est dans l'élaboration d'une nouvelle Constitution qu'elle l'a trouvée – moyen habile pour suggérer son départ imminent du palais de Koulouba et la reprise en main des affaires par les civils. Le 11 juin 2022, un décret est donc publié : « *Il est créé auprès du président de la Transition* […] *une commission de rédaction chargée d'élaborer un avant-*

projet de loi portant constitution de la République du Mali, dans le cadre de la refondation de l'État. »

Mais n'est-il pas prématuré de donner une nouvelle Constitution au pays ?

Certes, l'idée est pertinente et les Maliens la soutiennent. La nation malienne étant souveraine, elle peut changer la Constitution de la IIIe République à n'importe quel moment, y compris en période transitoire. Cette possibilité est encouragée par les circonstances : signé en 2015, l'accord d'Alger n'est pas pleinement appliqué, de sorte que, s'il entrait dans la nouvelle Constitution, l'État serait contraint d'en tenir compte. De cette manière aussi, la stabilité institutionnelle, qui fait défaut, serait mieux garantie parce que le texte traiterait enfin des particularités du Mali, ce que les dispositions de 1992 ne font pas assez, étant donné qu'elles ressemblent trop à celles de la Ve République française. Enfin, la grande rigidité de la Constitution de la IIIe République, qui rendait sa révision très difficile, serait sans doute corrigée. Cependant, si un nouveau texte est souhaitable, deux mois sont insuffisants pour l'élaborer.

La rapidité exigée pour ce travail attire l'attention. La junte agit avec précipitation, les sanctions prises par la Cédéao, surtout, semblant motiver cette mesure. L'intention de l'armée n'est donc pas d'associer le peuple au gouvernement du pays, mais de calmer les instances internationales. Elle pense aussi se légitimer, alors que la prolongation de la Transition est très critiquée, et gagner du temps pour trouver des moyens de rester au pouvoir. Or, il est douteux que l'intention des putschistes soit louable quand on observe le mal qu'ils ont fait à la Constitution de la IIIe République tout en prétendant la défendre. Remarquons enfin que c'est le président de la Transition lui-même qui va nommer les membres de la commission, prérogative qui rappelle la désignation des représentants au CNT et des participants aux ANR, tous soumis au régime, donc… Le cadre de la décision présidentielle ne convient donc pas.

Depuis le premier coup d'État, la junte fait mine de respecter la volonté du peuple, d'abord en instaurant le CNT, puis en créant les ANR. Fin 2021, les participants à ces réunions émettent des avis qui vont dans le sens de la junte. Parmi leurs « recommandations » figure la création d'une nouvelle Constitution. Cette proposition a l'apparence de la légitimité, mais elle n'est que la reprise imposée par le discours officiel, puisque, en février 2021, déjà, Ismaël Wagué, ministre de la Réconciliation nationale, annonçait un avant-projet de Constitution. Alors, quel cadre fallait-il respecter ? D'abord, mettre en place une consultation publique, puis une Commission constitutionnelle indépendante dont la synthèse aurait servi à l'Assemblée constituante, mais, avant tout, organiser des élections pour revoir des civils aux postes de décision !

Finalement, aux yeux de la junte, le temps de la réflexion n'est pas nécessaire pour refonder l'État. Elle ne comprend pas que le processus d'élaboration du droit exige rigueur et patience : c'est là une preuve supplémentaire de son incapacité à gouverner et des faiblesses de la Constitution future, qui ne sera ni acceptable, ni pérenne. En attendant, ses manigances dans le domaine du droit assurent sa stabilité, reconnaissons-le, et son durcissement.

Vers la constitutionnalisation d'un régime présidentialiste et militaire au Mali ?

Entre août 2020 et fin 2022, au Mali, la junte a publié plusieurs documents pour légitimer sa présence : un Acte fondamental, une Charte de Transition, plusieurs textes révisant cette loi devenue constitutionnelle… À partir du 11 octobre 2022, la liste est allongée d'un avant-projet de Constitution. À l'image des précédents écrits, celui-là se signale par sa mauvaise qualité juridique, comme en témoignent les conditions de sa rédaction et sa nature équivoque : il n'émane pas d'une institution légitime – la désignation de ses membres étant d'ailleurs mal connue –, et il a déjà la forme d'un projet abouti. *A priori*, l'Assemblée constituante, qui devra normalement rédiger le projet de Constitution, n'aura rien à faire, sinon approuver ce travail préfabriqué. Dans la forme même du document, on est donc loin de la refondation de l'État qui avait été annoncée. Cela est vrai, aussi, à la lecture des treize titres qui sont nombreux à reprendre *in extenso* ceux de la Constitution de la IIIe République. De là à penser que ces 195 articles se réduisent à une révision de la norme de 1992, il n'y a qu'un pas en rien audacieux. Quoi qu'il en soit, les putschistes ont habitué les Maliens à ces travestissements visant à leur faire croire que leur avenir est entre leurs mains. Ce cliché de la politique est tellement rebattu depuis le début de la Transition que les prétendues avancées ne trompent plus personne. L'ambiguïté de cet avant-projet en est un exemple supplémentaire, qui révèle les intentions malsaines de l'armée au pouvoir, l'essentiel des mesures instituant une Constitution nuisible créant d'abord l'illusion d'un régime parlementaire ; façonnant ensuite un régime présidentialiste ; et instaurant un régime militaire.

En juxtaposant les trois institutions que sont le président de la République, le gouvernement et le Parlement, l'article 36 de l'avant-projet de Constitution sous-entend la grande importance de chacune d'entre elles. Un régime parlementaire dans lequel les pouvoirs sont égaux et collaborent serait donc instauré, idée que la création d'un Haut Conseil de la nation (article 94) renforcerait. Ces suppositions sont cependant démenties par l'article 77 disposant que le gouvernement est responsable devant le président de la République, et lui seul. Cette mesure prouve que l'avant-projet ne présente pas un régime parlementaire ou que, tout au moins, les représentants du peuple n'ont que de faibles pouvoirs. En effet, dans le texte, aucun équilibre n'existe entre les deux chambres et le gouvernement, parce que les droits de ce dernier, selon les articles 75 et 76, sont très limités ; par exemple, c'est le président de la République qui conduit la politique de la nation. Présentée par le Premier ministre, elle n'est même pas votée par les Parlementaires (article 79) : leurs droits sont eux aussi réduits. De même, l'article 72 autorise, certes, les membres des assemblées à destituer le Président, mais on imagine mal que si la majorité d'entre eux soutiennent le chef de l'État ils votent sa révocation : l'article 106, censé éviter les manœuvres électoralistes, impose l'inféodation des parlementaires à leur parti ; sinon, ils risquent d'être déchus de leur mandat. D'ailleurs, une immunité prévue à l'article 103 a beau les préserver de poursuites en raison des opinions ou des votes émis lors des sessions parlementaires, leur expression est bridée. Les articles 122, 123 et 127 multiplient ainsi l'impossibilité faite aux deux chambres d'amender les textes du gouvernement et de voter, notamment en matière budgétaire. Par conséquent, le contrôle de l'action gouvernementale (article 128) tient plus de l'illusion que de la réalité. De toute façon, le gouvernement n'étant responsable que devant le président de la République (article 77), au lieu d'un régime parlementaire, l'avant-projet de Constitution esquisse une sorte de régime présidentiel fort.

Dans le régime présidentiel, le chef de l'État est aussi chef du gouvernement. Affirmer que le texte remis par Fousseyni Samaké présente un tel fonctionnement est donc faux, *a priori*, étant donné que le président de la République est distinct du Premier ministre. Cependant, la fonction de celui-ci se limite à animer et à coordonner l'action gouvernementale (article 76), le président de la République détenant l'essentiel des pouvoirs politiques comme conduire la politique ou faire les lois, d'après l'article 120 : au diable, donc, la séparation des pouvoirs !

Par ailleurs, le principe de la révocation du chef de l'État par le Parlement pourrait contredire lui aussi l'idée de l'instauration d'un régime présidentiel ; mais, nous l'avons expliqué, les représentants du peuple étant vraisemblablement du même parti que le Président et ne pouvant lui être infidèles sous peine de perdre leurs sièges, le pouvoir de révocation est implicitement renversé au profit du Président lui-même. Cette pression implicite marque selon nous une dérive, signe d'un régime présidentialiste, avec le caractère péjoratif qui l'accompagne d'ordinaire. Plusieurs points de l'avant-projet de Constitution vont dans ce sens. L'article 145 indique ainsi que c'est le président de la République qui nomme le président de la Cour suprême, chargée, le cas échéant, de le destituer... Mais on se demande alors comment la procédure pourrait aboutir, d'autant que le texte ne fournit aucun critère précis de jugement ; de plus, c'est lui aussi qui nomme tous les membres de la Cour des comptes (article 168) ; quant aux poursuites judiciaires – car il est pénalement responsable conformément à l'article 73 –, elles sont suspendues jusqu'à la fin du mandat de cinq ans ou de dix ans, si le Président est réélu. Ses droits, très étendus, ont de quoi inquiéter un peu plus alors qu'ils s'ajoutent à ceux que l'avant-projet lui attribue dans le domaine militaire.

Dans un État comme le Mali, souvent dirigé par des officiers depuis l'indépendance, il est crucial d'observer les prérogatives dont dispose le chef de l'État concernant l'armée. L'article 63 fait de lui le chef suprême des forces armées et de sécurité et le président du Conseil de sécurité nationale et du Comité de défense nationale – organes dont les missions ne sont pas définies –, tandis que l'article 67 lui donne le droit de nommer aux emplois militaires supérieurs. Ces dispositions resteraient des banalités si elles n'étaient pas jointes à l'article 89, qui rappelle que les forces armées et de sécurité sont soumises à l'autorité politique, donc au président de la République (puisqu'il conduit la politique de la nation), mais aussi et surtout à l'article 88, selon lequel ces mêmes forces « *participent aux actions de développement économique, social et culturel du pays* » : autrement dit, les militaires sont polyvalents, et c'est au palais de Koulouba que se décident leurs missions, même si elles n'ont aucun rapport avec les tâches qui leur incombent par nature. L'avant-projet assure la domination de cette institution par l'article 92, qui prévoit de lui donner toujours des moyens élevés. Ajoutons enfin que le texte reste muet quant à la possibilité pour un officier d'accéder à la présidence du Mali. Mais l'article 192, disposant que « *le peuple a droit à la désobéissance civile pour la préservation de la forme républicaine de l'État* », on imagine sans difficulté aucune qu'un militaire cherche à l'aider dans cette désobéissance et parvienne, de façon plus ou moins pacifique, à s'installer dans un fauteuil si convoité : l'avant-projet de Constitution ne résulte-t-il pas indirectement de ce scénario ?

Fruit d'une concertation voulue et organisée par la junte, l'avant-projet n'est finalement qu'un ensemble d'articles sibyllins, mal reliés et souvent contradictoires. Signalons ainsi que si le président de la République ne pouvait assurer ses fonctions, nul ne sait qui lui succéderait le temps d'organiser une élection, puisque les articles traitant de ce problème s'opposent. Nous pensons que ces erreurs graves démontrent la précipitation d'un régime trop pressé de se maintenir au pouvoir ainsi que sa volonté d'organiser un État instable, corrompu, de sorte à continuer d'agir comme bon lui semble. La IVe République ainsi décrite présente des malformations empêchant sa viabilité.

La loi électorale du 24 juin 2022 : la IVe République mort-née

Avec la rédaction d'une loi fondamentale, le colonel Goïta et ses acolytes s'efforcent de ménager non seulement le peuple, en lui faisant croire que la rédaction d'une Constitution préparant à une IVe République annonçait le retour des civils dans la direction du pays, mais aussi la Cédéao, en garantissant le rétablissement de la démocratie ; de la sorte, les sanctions n'auraient plus lieu d'être. Mais, qu'on s'en souvienne, la nouvelle Constitution était l'une des recommandations des ANR, fin décembre 2021, dont les membres, choisis par la junte, exprimaient leur souhait de voir se prolonger la Transition... On comprend mieux ainsi l'une des dispositions de la loi électorale. Son article 155 dispose en effet que « *tout membre des Forces armées ou de sécurité qui désire être candidat aux fonctions de président de la République doit démissionner ou demander sa mise à la retraite au moins six mois avant la fin du mandat en cours du président de la République* » ; il indique aussi que « *pour les élections pendant la Transition, les membres des Forces armées ou de sécurité qui désirent être candidats aux fonctions de président de la République doivent démissionner ou demander leur mise à la retraite au moins quatre mois avant la date de l'élection présidentielle marquant la fin de la transition* ». Voilà qui ouvre la voie de la présidence de la République à tout membre de la junte, y compris le président de la Transition, contrairement à l'interdiction posée par l'article 9 de la Charte de la Transition organisant le Mali depuis le 1er octobre 2020 et, avant lui, l'Acte fondamental établi un mois avant : « *Le président de la Transition n'est pas éligible aux élections présidentielles et législatives qui seront organisées, pour marquer la fin de la Transition. La présente disposition n'est pas susceptible de révision.* »

L'article 155 de la loi électorale, on le comprend facilement, rend caduque la Constitution de la IVe République avant même qu'elle ne soit écrite. L'armée cherchera certainement à profiter de cette mesure l'autorisant à participer à l'élection présidentielle pour demeurer aux commandes de l'État après des élections qu'elle aura organisées... Dès lors, l'ambition de la junte est-elle de changer de Constitution ou, plutôt, de changer la Constitution actuelle ? Étant donné son importance, la loi électorale s'impose comme une loi révisant la Constitution de la IIIe République et préparant une IVe République fantoche, de nature militaire ou, pour le dire autrement, qui s'annonce comme un échec. Encore une fois avec les putschistes, le cadre juridique semble respecté, mais il détourne l'esprit des lois. Rappelons à ce sujet qu'un acte préconstituant est impératif pour élaborer une Constitution et qu'en aucun cas les recommandations des ANR ne peuvent en tenir lieu. De surcroît, la junte n'a pas demandé leur avis aux Maliens. Un régime politique imposant l'équilibre des pouvoirs et rejetant la « monarchisation » de l'exécutif doit donc voir le jour pour le bien de l'État.

Quelques propositions en matière constitutionnelle

Un citoyen, un juriste, constitutionnaliste qui plus est, se doit de réagir à cette situation en participant au débat politique non seulement en analysant les décisions prises, mais aussi en « faisant de la politique », c'est-à-dire en présentant des idées relatives aux institutions qui pourraient former la nouvelle Constitution à venir afin de contribuer au relèvement de son pays. Nous pensons ainsi que changer la nature du régime politique est nécessaire : il faut supprimer le régime présidentialiste pour un régime parlementaire. Une autre exigence s'impose : adapter la nouvelle Constitution et prendre en compte les aspirations du peuple en luttant contre la corruption et contre l'insécurité. Trois Républiques se sont en effet succédé et toutes se sont éteintes à la suite de coups d'État militaires illégaux par nature, bien sûr, mais révélant l'impuissance des Constitutions en place et le malaise du peuple. Instaurée à l'indépendance, en 1968, la Ire République n'a duré que huit ans. Une période de transition est intervenue jusqu'en 1974, date qui a marqué le début de la IIe République. En 1991, la IIIe République la remplace. Suspendue à partir d'août 2020, elle est finalement écartée en mai 2021, lorsque la Cour constitutionnelle reconnaît la supériorité de la Charte de la Transition. Pour refonder le Mali, nous proposons les institutions originales suivantes, énumérées à présenter à grands traits.

Le président de la République

- Le mandat

Élu au suffrage universel direct pour sept ans, le président de la République n'est rééligible qu'une seule fois : ce principe intangible interdit toute révision de la limitation du nombre de mandats.

- Les pouvoirs et les missions

Ses pouvoirs sont limités : le président de la République n'est pas autoritaire ; il n'est ni un tyran, ni un monarque républicain. Il est le gardien de la Constitution, il veille à l'indépendance de l'État et à l'intégrité du territoire. Il donne des orientations politiques et ne gouverne donc pas. Il promulgue les lois. Par ailleurs, le Président ne préside pas le Conseil supérieur de la magistrature, ni le Conseil des ministres : ces missions sont celles du Premier ministre, car le régime parlementaire est établi.

- La vacance du pouvoir

Elle intervient en cas de décès, de démission ou de destitution.

Si le président de la République viole la Constitution, il y a saisine de l'Assemblée nationale et la destitution est possible après arrêt de la Cour constitutionnelle. Un gouvernement des juges est donc instauré. De même, la destitution est possible si deux millions de Maliens signent une pétition examinée par l'Assemblée nationale qui soit ensuite transmise à la Cour constitutionnelle. Elle peut être soumise à référendum. La destitution vise à éviter une insurrection.

Si la vacance de la présidence de la République est constatée, le président de l'Assemblée nationale assure l'intérim pour un an, sans prolongation.

La Cour constitutionnelle

- La composition

La Cour constitutionnelle compte onze membres qui ne sont pas des politiciens, mais exclusivement des juristes.

Deux membres sont nommés par le président de la République. Ce choix est soumis aux membres sortants de l'Assemblée nationale.

Un membre est nommé par le président de l'Assemblée nationale et son choix est soumis aux députés, qui auditionnent le candidat.

Trois membres sont nommés par le Conseil supérieur de la magistrature.

Un membre est nommé par l'Ordre des avocats : il s'agit d'un avocat ayant au moins quinze ans d'expérience.

Deux membres sont des enseignants-chercheurs nommés par leurs pairs.

Deux membres sont nommés par les organisations de défense des droits de l'homme.

- Le mandat

Les juges ont un mandat unique de neuf ans. La Cour est renouvelée tous les trois ans ; le tiers des membres sont alors concernés.

- La saisine

La Cour peut être saisie par : le président de la République ; le Premier ministre ; le président de l'Assemblée nationale ; tout parti politique ayant dix députés ; tout citoyen. Alors, le Bureau de la saisine citoyenne examine si le problème soulevé est contraire à la Constitution.

Le gouvernement

- La composition

Le gouvernement est placé sous l'autorité du Premier ministre. Il compte vingt-cinq ministres ; la parité entre hommes et femmes est la règle.

Quand il entre et sort du gouvernement, tout ministre doit déclarer ses biens à l'autorité compétente, qui veille aussi à la bonne moralité de chacun. Elle rend un avis public qu'elle transmet à la Cour suprême, qui juge les détournements éventuels d'argent.

Si le Premier ministre ne peut exercer ses fonctions, il choisit un ministre pour assurer l'intérim de sa fonction.

- Les pouvoirs et les missions

Le gouvernement est responsable devant le Parlement. Il détermine la politique de la nation : le président de la République ne fait que donner des orientations politiques. Il propose des lois. Le Premier ministre est le chef de l'exécutif. Concernant la défense nationale, président de la République et Premier ministre se concertent.

Le Parlement

- La composition

Les Accords d'Alger imposent l'instauration d'un Sénat, mais une seule Chambre suffit. Il faut porter le nombre de députés à trois cents.

- Le mandat

Le mandat des députés est de cinq ans. Il peut être renouvelé deux fois maximum.

- Les pouvoirs et les missions

Les députés proposent et votent les lois ; ils contrôlent aussi l'action du gouvernement et peuvent le renverser.

Le président de l'Assemblée nationale prête serment devant la Cour constitutionnelle.

L'opposition a un statut particulier : son chef est celui du parti ou de la coalition en tête après la majorité présidentielle.

Le président de la commission des Finances est un membre de l'opposition.

Le référendum d'initiative citoyenne est instauré : une pétition signée par vingt mille citoyens peut aboutir à une proposition de loi devant l'Assemblée nationale.

La responsabilité des gouvernants

Les membres de l'exécutif et les députés ont l'immunité constitutionnelle pendant leur mandat, comme le président de la République, mais leurs actions pénales et civiles sont condamnables. Les actes suivants sont considérés comme des crimes contre la Constitution :

- L'utilisation frauduleuse de la Constitution ;
- L'atteinte à l'honneur et à la probité ;
- L'outrage à l'Assemblée nationale ;
- Tout changement anticonstitutionnel, comme le coup d'État ;
- Toute révision visant à prolonger le mandat présidentiel ;
- L'assassinat politique.

Dans ces cas, il y a autosaisine de la Cour constitutionnelle.

Autres institutions

Un organe est chargé des élections et ne se limite pas à la loi électorale, car il est constitutionnalisé.

D'autres organes sont institués :

- Un médiateur de la République.
- Une Cour suprême.
- Une Cour des comptes.
- Un Collège des sages, qui joue un rôle consultatif : il veille à la stabilité de l'État, à la paix et à la cohésion nationale ; il cherche à résoudre les problèmes religieux. Il est constitué de religieux et d'autorités coutumières, des chefs des grandes associations de la société civile. Ce Collège peut être saisi par le président de la République, le président de l'Assemblée nationale, le président de la Cour constitutionnelle, le Premier ministre, le chef de l'opposition, et par tout parti politique ayant dix députés au moins à l'Assemblée nationale.

La commission de finalisation de la dictature militaire

Le 19 décembre 2022, le *Journal officiel* publie un décret entérinant la création d'une « *commission chargée de la finalisation du projet de Constitution de la République du Mali* ». L'une des ambitions de la junte, fonder une IVe République, est donc sur le point de se concrétiser : les travaux de la commission achevés avant la fin de l'année, un référendum portant sur la nouvelle Constitution doit avoir lieu en mars 2023, et l'approbation quasi générale ne fait alors aucun doute, les colonels ayant jusqu'à présent réussi à atteindre leurs objectifs, d'une façon ou d'une autre. En effet, la commission, instituée par le président de la Transition suivant un fonctionnement des plus mystérieux, contrevient aux procédures constitutionnelles et aux règles démocratiques.

La production de décrets signés par les chefs de la Transition successifs est abondante et le lecteur même ignorant du droit est surpris d'y retrouver les tournures sibyllines habituelles. Les articles 3, 4 et 6 ont beau indiquer la composition de la commission, nul ne sait qui en choisit les membres et d'après quelles conditions. Le nombre de ces personnalités reste d'ailleurs longtemps inconnu : cinquante et un, mais « *en outre, des personnes ressources* ». En apparence, le comité est indépendant, composé de représentants d'organes variés, mais leur soumission au chef de l'État est totale : quinze d'entre eux sont désignés par lui, le gouvernement et le CNT – dont les membres, rappelons-le, ont été nommés par le Président Assimi Goïta – ; et, surtout, d'après l'article 8 du décret, « *le coordonnateur de la commission rend compte régulièrement au président de la Transition de l'état d'avancement des travaux* » : est-ce à dire que les amendements à l'avant-projet émanent de lui ? Répondre par l'affirmative sous-entendrait que les membres sont prêts à des compromissions : accusation très grave qui relève de la diffamation… à moins de prendre en compte les dispositions des articles 10 et 11 : « *Le coordinateur, les rapporteurs et les membres de la commission bénéficient d'indemnités et de primes forfaitaires fixées par décret du président de la Transition* » et les « *dépenses liées au fonctionnement de la commission sont à la charge du budget national* ». Reconnaissons, il est vrai, que « tout travail mérite salaire », mais nul n'en connaît le montant : dans un pays comme le Mali, souffrant de corruption, le contrôle de l'argent devrait être une priorité ; il n'en est manifestement rien.

Le travail de la commission se résume à celui d'une Assemblée constituante, puisqu'elle a toute autorité pour donner corps à la nouvelle Constitution. En son article 2, le décret dispose ainsi que « *la commission a pour mission d'examiner et d'amender, le cas échéant, l'avant-projet de Constitution* ». Il n'explique cependant pas les critères retenus pour accomplir pareille tâche. Du point de vue du droit constitutionnel, cette compétence est critiquable : le CNT, qui fait office d'Assemblée nationale, ne prend part à la commission que de façon anecdotique, cinq de ses membres seulement y siégeant ; quant au peuple, le degré de sa contribution se déduit aisément ! Il sera ainsi consulté seulement après la finalisation du projet de Constitution. Comme celui des forces vives de la nation, son rôle est réduit à une portion congrue en matière de gestion des affaires de la cité. Le caractère démocratique de cette seconde commission est donc plus que douteux. Le peuple malien, écarté des consultations, ne peut évidemment pas comprendre les tenants et les aboutissants de la nouvelle Constitution dont le texte – nous l'avons montré – donne l'essentiel des pouvoirs à l'armée. On peut affirmer que la commission finalise les cadres de la future dictature militaire.

Quelques jours après la création de la commission, une réunion se déroule le 12 janvier 2023 entre le ministre d'État, récemment nommé (nous y reviendrons), et les quelques partis politiques ayant accepté son invitation au sujet de l'organisation du référendum sur la nouvelle Constitution. La nature de la consultation, prévue pour mars 2023, se révèle ambiguë : un référendum sur l'adoption d'un document élaboré en commun, ou un vote à l'aveugle, un plébiscite ?

Le scrutin de mars 2023 : référendum sur la nouvelle Constitution ou plébiscite contre la junte ?

Le 14 janvier, la junte commémore la « journée de la souveraineté retrouvée » pour unir autour d'elle la population, en majorité opposée au texte constitutionnel, et pallier les effets d'une victoire probable du « non » dans la rue – dans les urnes, le succès est certain. Le stratagème s'annonce cependant vain pour trois raisons au moins.

Depuis la chute d'IBK, la junte bride l'expression des citoyens, préférant choisir tantôt leurs représentants au CNT ou aux ANR ; tantôt les membres de l'Assemblée constituante. Plus de trois ans après les dernières élections, d'ailleurs irrégulières, cette modalité de gouvernance est devenue insupportable, à plus forte raison avec l'instauration de la « journée de la souveraineté retrouvée » : si les putschistes n'organisaient pas le référendum sur la Constitution, ils renieraient le principe même de cette fête, la souveraineté, qui, en droit constitutionnel, repose sur le peuple, et altéreraient la crédibilité de leur politique et du texte qu'ils soumettent aux citoyens ; aussi imparfait soit-il, ce dernier dispose en effet, en son article 30, que le « *Mali est une République* […] *démocratique* ». Si l'organisation de ce référendum est un devoir pour la junte, il est aussi un devoir pour les opposants au texte de voter ; ainsi seulement l'armée sera-t-elle obligée de tenir compte de leur avis. Les Maliens ont pour eux la force du nombre : deux cent trente et un partis politiques sur deux cent quatre-vingt-un ont refusé de participer à la réunion du 12 janvier. Que ces refus se manifestent dans les urnes et les putschistes auraient bientôt à ranger leur

« barda », direction Kati. Malheureusement, cela contraint les Maliens à se rendre complices de cette hypocrite consultation, de surcroît illégale et illégitime.

Les circonstances de la tenue du référendum, d'abord, portent un coup sévère à sa légitimité : le Mali n'en finit plus d'imploser, l'insécurité ne cesse de grandir, débattre sereinement est difficile, la liberté d'expression étant très fragile. En avril 2021, le ministre de la Réconciliation nationale, Ismaël Wagué, reconnaissait lui-même l'absence de l'État dans certaines régions, comme à Farabougou, où les islamistes prenaient place ; et, en janvier 2023, cité sur le site internet de RFI, Youssouf Diawara, président du parti Yéléma déclarait : « *Aujourd'hui, une partie du territoire est occupée et l'ensemble des citoyens n'a pas la capacité de s'exprimer* ». Organiser un référendum en excluant une partie des votants est donc une faute à la fois juridique, morale, et politique. Rappelons aussi que le projet ayant été élaboré en dehors des cadres réglementaires, c'est-à-dire sans l'élection d'une Assemblée constituante notamment, le référendum contribue à parodier la démocratie. L'armée au pouvoir s'en sert comme d'un instrument pour pérenniser et durcir le régime, opération qui a commencé le 24 juin 2022, lors de la publication de la loi électorale, et de son dangereux article 155, comme nous l'avons expliqué. Par conséquent, la junte risque de se voir remise en cause par des citoyens qui pourraient à leur tour employer les urnes pour signifier plus que le rejet d'une Constitution.

À l'approche du référendum, on assiste à un remodelage de la politique malienne. Les partis naguère favorables au coup d'État militaire se désolidarisent de plus en plus de l'armée : le M5-RFP change de direction à la suite de divergences engendrées par la politique de son ancien chef, Premier ministre depuis 2021, Choguel Maïga. L'organisation du référendum n'a, quant à elle, réuni que cinquante partis, et encore ! certains s'opposent à la consultation. De même, alors que le Haut Conseil islamique soutenait les colonels aux premières heures du putsch, le cheikh Chérif Ousmane Madani Haïdara souhaite que les imams donnent *« des conseils »* et disent *« la vérité aux autorités si elles* [sont] *sur le mauvais chemin »*... Une foule d'opposants se forme donc contre le pouvoir et s'apprête à profiter du référendum pour rejeter toute la politique de l'armée. Les bulletins « oui » et « non » risquent alors de répondre à la question du maintien de la junte à la tête du Mali, et à celle de la continuité de cette politique de la souveraineté retrouvée qui n'est qu'un fantasme ou un moyen faible et bas pour stimuler, par l'orgueil national, le soutien des Maliens à une bande de colonels en mal d'appuis.

Deux mois avant le vote, le référendum peut donc ne pas se dérouler conformément aux règles de droit puisque c'est la junte elle-même qui l'organise, elle qui a tout à perdre si ses opposants l'emportent. La présence d'observateurs internationaux assurerait la fiabilité du résultat, mais la politique de la souveraineté incite les autorités à refuser toute présence étrangère, le soupçon gouvernant les relations diplomatiques du Mali. La junte a toutefois plus d'un tour dans son sac pour se tirer d'un mauvais pas.

Manœuvres dilatoires et désordre constitutionnel en période de Transition

Peu après le premier coup d'État, Assimi Goïta déclarait qu'un *« délai raisonnable »* suffirait à l'organisation des élections, mais la remise tardive de l'avant-projet de Constitution de la IVe République (le 11 octobre 2022, non le 11 août, comme prévu) et le report *sine die* de la consultation visant à recueillir l'avis des citoyens sur ce texte font mentir le chef de la junte et confirment son but unique : conserver le pouvoir. La stratégie de l'évitement qu'il a mise en place provoque un désordre constitutionnel, qui aggrave lui-même la situation politique.

Le 10 mars 2023, le report du référendum sur le projet de Constitution de la IVe République n'étonne pas les Maliens, ni les juristes et les politistes habitués à analyser l'action de la junte au pouvoir, cette manœuvre dilatoire ayant touché la mise en place des ANR, en 2021, ou la tenue des élections initialement prévues pour 2022. Le 19 mars 2023, les citoyens maliens ne peuvent donc pas voter. Aucune date ultérieure n'est donnée par le ministre de l'Administration territoriale et de la Décentralisation, Abdoulaye Maïga, dans le communiqué lapidaire annonçant l'ajournement du scrutin. Deux raisons l'expliqueraient : permettre à l'Autorité indépendante de gestion des élections (Aige) d'organiser le référendum et vulgariser le texte. Deux prétextes. D'abord, parce que cette Autorité, installée depuis janvier 2023, avait tout le temps de se préparer étant donné que 80 % du Mali est occupé par des islamistes, ce qui réduit l'étendue de son travail ; ensuite, parce que la volonté de rendre accessible le texte aux citoyens n'a rien de crédible. Jusqu'à présent, en effet, les colonels ne s'étaient pas préoccupés que leurs compatriotes comprennent ou non l'Acte fondamental, la Charte de la Transition ni ses nombreuses révisions ! Il est curieux que le souci de clarifier la syntaxe et le lexique s'impose au moment où la place de la langue de Molière est désormais réduite au statut fantaisiste de « *langue de travail* » (article 31 du texte constitutionnel) ! Les putschistes cherchent à provoquer la communauté internationale au nom de la souveraineté prétendument recouvrée du Mali et, ainsi, mesurer leur popularité auprès des Maliens, puisque l'enjeu du vote est moins l'instauration d'une nouvelle Constitution que leur maintien à la tête du pays. Ils cherchent à gagner du temps, en repoussant le résultat d'un plébiscite dangereux pour elle, nous l'avons dit.

Le report du référendum va automatiquement repousser les élections législatives, prévues pour 2023, et l'élection présidentielle, censée se tenir en 2024. Déjà, au mois de janvier, Abdoulaye Maïga et le président de l'Aige préparaient les Maliens à une modification du « chronogramme ». Le délai supplémentaire que s'octroie la junte aux commandes du Mali pose un lourd problème pour la démocratie, le non-respect de la parole donnée aggravant la défiance du peuple à l'égard de leurs dirigeants. La Transition, qui ne devait pas durer plus deux ans, va se poursuivre au-delà d'un terme qui continue de s'éloigner. Cela est d'autant plus inquiétant que l'élection des représentants des territoires au Sénat – l'article 95 du projet de Constitution créant cette seconde chambre – risque d'avoir lieu aux calendes grecques. Le retard de cette mesure, prévue dans l'Accord d'Alger, dont l'application a elle-même été repoussée maintes fois, devrait détériorer les relations exécrables entre Bamako et le nord du Mali et les rendre bientôt innommables. Enfin, la portion minime du territoire encore relativement préservée de l'instabilité pourrait encourir le pire plus tôt qu'on ne le pense.

La confirmation d'un régime présidentialiste et militaire

L'avant-projet préparait un système dur tenu par l'armée. Le projet de Constitution le confirme.

La création d'une seconde chambre, un Sénat, semble faire la part belle au parlementarisme dans le projet de Constitution remis début mars 2023 au président de la Transition, Assimi Goïta. Le nouveau droit de destituer le chef de l'État conforte cette impression. Ces mesures renforcent cependant le pouvoir d'un homme dont le texte constitutionnel assure déjà la mainmise sur le gouvernement et le Parlement, la maîtrise de la Constitution elle-même et l'appropriation des institutions : la IVe République fonde un régime présidentialiste entre les mains d'une oligarchie militaire.

Dans le cadre de la nouvelle Constitution, le président de la République fera et défera les carrières politiques. Il pourra nommer le Premier ministre, les ministres (article 57), et conduira la politique de la nation (article 44). Qu'un opposant cherche à l'affaiblir, il lui sera possible, comme aujourd'hui où la corruption fonctionne à fond, de lui remettre un maroquin pour éteindre sa contestation – la limitation du nombre de ministres, prévue dans l'avant-projet, ayant disparu. C'est aussi devant lui et lui seul que le gouvernement sera responsable : aucune crainte, donc, que le Parlement ne renverse ce dernier, cette disposition n'étant pas prévue. Ainsi, la présentation du plan d'action du gouvernement par le Premier ministre ne sera-t-elle suivie, « *le cas échéant* », que de « *débats assortis de recommandations sans vote* » ! Si les Parlementaires exprimaient leur désaccord, le Président aurait tout moyen de les faire taire pour de bon, c'est-à-dire en usant de l'article 69, donc de prononcer la dissolution de l'Assemblée nationale. Certains commentateurs affirment que la destitution du président de la République (article 73) par le Parlement rééquilibre les pouvoirs… Mascarade, que tout cela !, car la motion de destitution « *n'est recevable que si elle est signée par au moins les deux tiers des membres* », dont le nombre est élevé, puisqu'un Sénat est instauré – pour empêcher cette initiative, diront les mauvaises langues –, et si une commission *ad hoc* décide de poursuivre l'intéressé. Autant dire que l'aboutissement de la procédure tiendrait donc de l'exploit, surtout si le Président, se sentant menacé, envisageait de dissoudre l'Assemblée nationale…

Avant d'employer telles manœuvres, le président de la République, ce « *gardien de la Constitution* » (article 43), n'aura pas manqué de « *faire respecter la Constitution* » (article 55). Il a pour cela les mains libres. Par son statut, il nomme les conseillers de la Cour constitutionnelle (article 144), ce qui lui donne tacitement le droit de s'opposer aux désignations de certains membres ne lui convenant pas. Le pouvoir judiciaire alors sous sa coupe, le chef de l'État aurait tout loisir de réviser la norme fondamentale sans se soucier que ce même droit dont disposent l'Assemblée nationale et le Sénat ne fragilise son pouvoir : les conditions de révision sont si drastiques pour ces deux chambres que leur action en ce domaine est pure fiction. Qu'on en juge ainsi d'après l'article 184 : « *Le projet ou la proposition de révision doit être adopté en termes identiques par les deux chambres du Parlement à la majorité des deux tiers de leurs membres.* » Enfin, les *Dispositions particulières* du titre XII autorisent, en creux, le président de la République à agir comme lui plaît pour conserver son siège, puisque « *le Peuple* », dont il fait partie et de la volonté duquel il est l'émanation, « *a le droit à la désobéissance civile pour la préservation de la forme républicaine de l'État* » (article 186).

Ces dispositions font écho à l'article 70 : « *Lorsque les institutions de la République, l'indépendance de la Nation, l'intégrité du territoire national, l'exécution des engagements internationaux sont menacées d'une manière grave et immédiate et que le fonctionnement régulier des pouvoirs publics constitutionnels est interrompu, le président de la République prend les mesures exceptionnelles exigées par ces circonstances après consultation du Premier ministre, des présidents de l'Assemblée nationale, du Sénat et de la Cour constitutionnelle.* » Avec ce texte, il apparaît que le chef de l'État disposera des pleins pouvoirs dès que la Constitution entrera en vigueur, étant donné les menaces graves qui touchent le Mali depuis des années, consécutives à l'avancée des islamistes notamment. Enfin, la vacance de la présidence de la République – épineuse question qui avait donné lieu à des mesures fantaisistes après la destitution de Bah N'Daw en 2021 – est traitée par l'article 53. Cependant, le texte est obscur, car si le Président ne peut assurer ses fonctions en cas d'empêchement temporaire, « *ses pouvoirs sont provisoirement exercés par le Premier ministre* », mais ils sont remis au président de l'Assemblée nationale en cas de vacance de la Présidence. Or, l'histoire récente a confirmé que le manque de clarté en matière constitutionnelle débouchait toujours sur la prévalence de la force et de l'injustice. Mais, avec les putschistes qui se prétendent juristes, on n'est pas à une défaillance près. La preuve : le français n'est plus la langue officielle du Mali (article 31), mais c'est elle que les rédacteurs du projet de Constitution ont utilisée ! Finalement, il en va de la place du français comme de celle de la dictature : comme on dit, « *Chassez le naturel, il revient au galop !* »

Régime présidentialiste ou parlementaire : le dilemme des politistes maliens

Les autorités de la Transition proposent ainsi de consolider le régime présidentialiste existant dans le cadre d'une IVe République alors que l'instauration d'un régime parlementaire serait salutaire selon nous.

Le problème de l'insécurité est l'argument principal des tenants du régime présidentialiste. Pour atténuer son caractère péjoratif, et malgré la confusion entre *régime politique* et *système politique*, l'idée d'une « *démocratie sécuritaire* » s'est répandue. Cette formule maladroite, que nous développerons plus loin, exprime ce qu'elle entend cacher, c'est-à-dire le danger provoqué par la toute-puissance d'un individu si ses prérogatives ne sont pas limitées par un contre-pouvoir, ni par le débat parlementaire, grâce auquel, d'ailleurs, le peuple voit sa conscience politique stimulée. Mais le pouvoir de la Transition, par son projet d'une nouvelle Constitution, cherche à établir une magistrature forte. Ses soutiens pensent indispensable qu'un despote prétendument éclairé, omnipotent, dirige le pays. Pour d'autres, cette institution très forte correspondrait à la mentalité africaine – selon laquelle le peuple a besoin d'un chef, tant il est vrai que les chefferies influencent aujourd'hui encore la vie des Maliens, à la campagne surtout – et à la nécessaire étatisation d'un pays selon les normes internationales. Tous ces arguments sont fallacieux, à l'évidence, ou naïfs, et, en tout cas, facilement réfutables : l'histoire de la IIIe République est l'histoire de l'échec du régime présidentialiste instauré officieusement par la mauvaise gouvernance.

Le régime parlementaire favoriserait cependant l'équilibre indispensable au Mali. Il donnerait au peuple le rôle de trancher les différends dans le domaine politico-institutionnel. Nous proposons ainsi un régime parlementaire dans lequel le président de la République résoudrait, avec neutralité, les conflits politiques. Il en résulterait un nouvel équilibre, associant légitimité, responsabilité et pouvoir, ce qui est l'aspiration de toute Constitution démocratique, à plus forte raison dans un État à refonder, fragilisé par des coups d'État. Les opposants au régime parlementaire avancent très souvent les risques de l'instabilité gouvernementale et du blocage institutionnel. Cependant, il apparaît comme plus adapté aux aspirations d'émancipation de la société malienne et aiderait certainement au retour d'une partie de ses intellectuels, expatriés pour nombre d'entre eux : ces derniers trouveraient enfin le moyen de participer à l'élaboration d'une pensée politique.

Si les rédacteurs du projet de la nouvelle Constitution et les autorités de la Transition ont bien voulu « *mettre fin aux dysfonctionnements institutionnels* », ils n'ont pas d'arguments convaincants pour justifier un changement de régime, ni un changement de Constitution. Or, chacun sait qu'une nouvelle organisation constitutionnelle des pouvoirs en faveur du Président ne suffira pas à modifier le système politique, ni à instaurer la bonne gouvernance, ni à revitaliser la démocratie, ni à permettre la refondation de l'État, car la crise que traverse le Mali vient d'abord de l'inobservance de la Constitution. Ce débat entre spécialistes est tranché lors du vote sur le projet constitutionnel.

Le référendum du 18 juin : la victoire du pire ?

La junte tente d'imposer l'idée qu'elle établira la démocratie et l'ordre. Le projet de Constitution doit garantir ces deux caractéristiques suprêmes de l'État de droit ; le 18 juin est donc une date cruciale : si le « oui » l'emporte, c'est parce que les Maliens auront approuvé l'application de mesures nouvelles et fortes. Il sera alors possible de confirmer la victoire de la stratégie politique des colonels. Mais, alors, ceux-ci devront se soumettre à la norme fondamentale et mettre fin à la Charte de la Transition, qui leur assure un pouvoir certain et quasi exclusif, les contre-pouvoirs n'existant pas vraiment ; les membres du CNT, par exemple, ont été désignés par le Président de la Transition le Colonel Assimi Goïta. De plus, l'établissement d'un Sénat risquant de déstabiliser les membres de l'exécutif si des opposants sont élus, l'ordre pourra-t-il être maintenu alors que la liberté est déjà mise à mal ? De même, il faudra faire appliquer le principe de laïcité, si contesté par les partis religieux, mais avec quels moyens ? De nombreux problèmes vont se poser au régime jusqu'à l'élection présidentielle et, avant, jusqu'aux élections législatives. Comment la junte pourra-t-elle faire respecter des principes qu'elle dédaigne ? Une victoire le 18 juin se présente comme une défaite en devenir, un suicide politique.

Les Maliens eux-mêmes, du moins ceux qui auront participé au débat et au vote, régissent négativement pour nombre d'entre eux. Si certains soutiennent le texte, c'est par souci premier de voir l'ordre rétabli, non par conviction politique. Or, les idées politiques manquent aux citoyens et aux partis politiques. L'interdiction de la « transhumance politique » ou l'application de la laïcité sont rejetées par les uns ou les autres, qui refusent tout compromis, qui répugnent à fléchir leurs idées rétrogrades pour perpétuer un système qui fait sombrer tout le monde : c'est la force surpuissante de l'habitude, l'incapacité à se remettre en question, à reconnaître sa façon d'être et de penser comme une partie du problème, de la misère du Mali. Le18 juin, les citoyens qui s'apprêtent à voter « oui » à la Constitution sont les fossoyeurs en devenir de la légitimité constitutionnelle, parce qu'ils vont participer à vicier un projet illégal ; les citoyens qui s'apprêtent à voter « non » sont condamnés à proposer mieux que leurs idées de restauration d'un régime ancien qui s'appelle la corruption et le refus de vivre ensemble.

À partir du 18 juin 2023, le monde entier peut voir quelle est l'honnêteté de la junte et quelle est sa capacité à instaurer l'ordre, à fédérer autour de son projet. Le monde entier peut voir également si le débat pacifique entre des forces opposées peut exister au Mali. Honnêteté, débat et paix. On peut faire aussi l'hypothèse de la guerre civile. Avec le référendum se pose ainsi la question de la solidité du régime.

II. La solidité du régime en question

« La solidité d'une démocratie repose sur l'universalité des droits, l'égalité de tous les citoyens devant la loi et la liberté des individus. Il est donc essentiel que toutes les cultures, les religions et les ethnies présentes dans un pays soient respectées. Il convient également d'insister sur la nécessité impérieuse de s'attaquer aux problèmes quotidiens tels que la pauvreté, les difficultés d'accès aux soins de santé et la corruption qui renforcent la perception que la population a de la démocratie selon laquelle celle-ci n'améliore pas sa vie quotidienne. D'où l'impérieuse nécessité de tout mettre en œuvre pour que la démocratie soit au service du développement. On relèvera qu'au Mali avec la succession des coups d'Etat, le grand problème c'est l'État. »[5]

Plus que les armes, le constitutionnalisme est le moyen le plus efficace pour permettre au régime de perdurer, mais la Transition reçoit des critiques quand elle cherche à trop se durcir et tremble parfois. L'histoire n'étant pas linéaire, un retour en arrière est nécessaire pour comprendre les facteurs les plus importants d'instabilité qui se manifestent à partir de juillet 2023. Les premiers reproches des alliés de la junte, en 2022, la mise à l'écart temporaire de

[5] KOUNGOU Léon, *Sahel indocile, Coup d'État institution et impuissance de la puissance française, édition l'Harmattan, collection Études africaines*, série Politique, Paris, 2023, *op.cit.* p. 90.

Choguel Maïga, la même année, et la non-prise en compte des partis politiques, début 2023, dans la perspective du référendum, expliquent l'embarras paradoxal que suscitent les résultats du scrutin de juin 2023 et la volte-face du Premier ministre le mois suivant. L'avenir des colonels n'est finalement pas aussi assuré que prévu.

Le coup d'État démocratique quotidien de la junte malienne

Les déceptions apparaissent parmi les premiers sectateurs des rebelles. Les langues se délient pour attaquer la junte. Le 26 mai 2022, l'imam Mahmoud Dicko déclare ainsi : « *L'arrogance de nos dirigeants – je le dis ici, je vais sortir et ils vont m'interpeller, mais je le dirai –, leur arrogance et l'orgueil de la communauté internationale, c'est le peuple malien qui est en train de payer ça. C'est extrêmement grave* ». La critique très virulente du dignitaire sunnite à l'égard du régime aggrave la scission entre les colonels et les civils autrefois soutiens ou alliés dans le cadre du M5-RFP. En effet, si le religieux malien dénonce la mise à l'écart du peuple, le Premier ministre, lui, légitime l'exercice du pouvoir tel qu'il est instauré dès le 18 août 2020, soutenant l'idée, pouvons-nous dire, d'un « coup d'État démocratique quotidien ». Cette expression, forgée sur une contradiction, restitue, selon nous, la tentative des putschistes de légitimer leurs motivations par des principes présentés comme louables et son idée d'une nouvelle forme de démocratie populaire qui ne tient pas compte des règles habituelles permettant l'expression des citoyens, au premier rang desquelles l'élection, qui n'a plus droit de cité. Cela n'empêche pas les colonels d'affirmer que les Maliens leur sont favorables, ce en quoi ils ont raison. Mais ce soutien est un appui par défaut, provoqué par la lassitude, voire le désenchantement, après des décennies de corruption. Pour éviter que les critiques se multiplient, une seule solution : affaiblir les gêneurs.

Affaire Maïga contre Maïga : la Primature en jeu

C'est de façon assez cavalière, sur *Facebook*, que les Maliens apprennent le retrait temporaire de Choguel Maïga, en août 2022, et c'est de façon ambiguë que cette information est formulée : « [A] *près 14 mois de travail sans répit, le Premier ministre, chef du gouvernement, Choguel Kokalla Maïga, a été mis en repos forcé par son médecin* ». Un accident vasculaire cérébral est certes invoqué par les uns, mais chacun se rappelle le renversement de Moctar Ouane, éphémère Premier ministre de la Transition, un an auparavant – avec la junte, on n'est pas à un coup d'État près ! À partir de ce moment, de Monsieur Maïga, on n'a plus de nouvelles ; on le pense aux oubliettes de la politique, les colonels putschistes ayant réussi à se débarrasser de cet allié un peu trop confiant, prenant trop bien la lumière des caméras et laissant le souvenir trop mémorable d'un discours à l'ONU, petit chef-d'œuvre d'insolence à l'égard de la France, le meilleur ennemi du Mali. C'est sans compter sur les forces de Choguel Maïga, vieux briscard de la politique, capable de se rendre indispensable à une junte de plus en plus contestée par le peuple, surtout depuis la publication de l'avant-projet de Constitution en octobre 2022. Ce texte, qui prépare une République présidentialiste et militaire, a bien besoin d'un civil comme garant : Monsieur Maïga, qu'on a vu retourner son boubou plusieurs fois, est l'homme de la situation. Assimi Goïta le reconduit donc dans ses fonctions en décembre 2022 ; cependant, comme il a aussi montré son goût du pouvoir, il suscite toujours la méfiance. Pour le réduire tout en profitant de son aura, le régime revêt le fidèle colonel Maïga de la dignité de ministre d'État.

Nul doute que la distinction de ministre d'État accordée à Abdoulaye Maïga se justifie non par la reconnaissance de la Transition pour un intérim de trois mois à la Primature, mais comme le moyen de le laisser poursuivre sa tâche, officieusement. Le poste de Premier ministre est dès lors honorifique, même si Choguel Maïga reste bien chef du gouvernement, car les véritables pouvoirs sont désormais entre les mains du ministre d'État, ministre de l'Administration territoriale et de la Décentralisation, qui, d'après le décret du 5 décembre 2022, est officiellement chargé de l'intérim si le Premier ministre ne peut assumer ses fonctions. Rappelons que la junte a improvisé cette mesure, puisque la Charte de la Transition ne l'avait pas prévue… Le mal est réparé. Une fois encore, donc, la junte s'efforce de berner tout le monde : elle recourt à l'imposture imaginée en 2020 lorsque le poste de vice-président était créé afin d'affaiblir celui de président de la Transition. Elle continue de réécrire, seule, le texte qu'elle a élaboré à la va-vite lors du coup d'État contre Ibrahim Boubacar Keïta : il est vrai que le costume de dictateur militaire est plus seyant une fois retouché.

La politique malienne en perdition

Finalisation de l'avant-projet de Constitution, organisation du référendum constitutionnel, préparation des élections législatives, puis, en février 2024, de l'élection présidentielle… Au commencement de l'année 2023, des échéances importantes, voire décisives, se présentent, rappelons-le, qui demandent aux acteurs politiques de rédiger leurs programmes et de se défaire des alliances qui pourraient leur porter préjudice. Les partis politiques et les religieux font de plus en plus parler d'eux. Comme le rapporte *Maliweb*, *« sur un total de 281 partis politiques* […], *50 ont répondu* » à l'invitation du ministre d'État pour préparer la tenue du référendum ; et, même parmi eux, certains ont participé aux discussions pour exprimer leur opposition au texte. L'échec de cette réunion est un témoignage supplémentaire de la difficulté de la junte à trouver des appuis, à convaincre de la pertinence de sa politique, d'autant plus face à l'orgueil habituel des uns et des autres. Le 15 décembre 2022, le cheikh Chérif Ousmane Madani Haidara, jusqu'alors proche de la junte, déclarait ainsi que celle-ci pouvait se fourvoyer : cette déclaration intervenait après que le Haut Conseil islamique n'avait pas récupéré les trois sièges espérés au Conseil national de la Transition… La junte peut toutefois compter sur les divisions de certains partis politiques pour garder la face : des élites du Rassemblement pour le Mali (RPM) rendent leur carte d'adhérent afin de créer des partis. Elle peut aussi profiter des ralliements de certains contradicteurs passés : dans la liste des membres de la commission chargée de la finalisation du projet de Constitution de la IVe République figurent des opposants politiques qui critiquèrent le coup d'État d'août 2020. Enfin, le 23 janvier, le ministre d'État, Abdoulaye Maïga, prépare la population à un report des législatives. Ce nouveau retard ne doit pas désoler : il va peut-être permettre aux acteurs politiques d'améliorer leurs programmes, de réfléchir à leur comportement et de se rappeler qu'ils sont censés agir pour le bien d'autrui, non pour leur carrière, faute de quoi ils contribuent à solidifier la Transition !

En attendant les législatives, et plus d'un mois après le vote, la Cour constitutionnelle publie les résultats du référendum constitutionnel.

Une nouvelle Constitution si encombrante

La proclamation officielle a lieu le 21 juillet 2023. Les chiffres sont éloquents : 97 % des citoyens maliens se sont prononcés pour le projet de Constitution, mais 39, 4 % d'entre eux ont participé au scrutin, notamment parce que dans 1 121 bureaux sur 24 416 le vote ne s'est pas tenu, comme le reconnaît le coordinateur régional de l'Autorité indépendante de gestion des élections, dans la région de Kidal ; parfois, des urnes ont été remplies par des soutiens du régime. Le référendum constitutionnel du 18 juin 2023 est un échec gigantesque. La junte le sait ; la situation l'embarrasse au point que l'Aige met cinq jours pour publier les résultats et que la Cour constitutionnelle tarde à les officialiser – c'est une nouvelle preuve de l'inféodation de ses membres à l'armée au pouvoir. Contesté depuis le début, le texte de la nouvelle Constitution n'a finalement pas de légitimité suffisante. La IVe République est déjà condamnée.

Pourtant, nous l'avons expliqué, ce référendum se présentait comme historique : il devait marquer un changement constitutionnel dans le cadre d'une pratique renouvelée du pouvoir, libérée de la corruption et préparant le retour des civils à la tête du Mali. C'est peu de dire que le plan a raté : non seulement la majorité des civils n'ont pas donné leur avis, mais les manifestations contre le texte n'ont servi à rien ; les opposants les plus marquants ont eu des problèmes : l'imam Dicko a perdu l'usage de son passeport diplomatique. Mais il y a pire, car pour pallier les effets du référendum, c'est-à-dire l'impopularité du régime, donc sa fragilisation, Assimi Goïta prend des mesures durcissant l'emprise des militaires : le 1er juillet 2023, un remaniement ministériel a lieu, soit neuf jours après la publication des résultats du référendum. Cette recomposition n'a aucun intérêt quant à la politique gouvernementale – le Premier ministre, Choguel Maïga, n'a d'ailleurs rien eu à dire. Elle vise seulement à détourner l'attention du peuple, à lui donner l'impression que les autorités tiennent compte de sa colère. Assimi Goïta garde donc certains ministres, mais leur attribue de nouveaux portefeuilles, et, comme l'indique *Jeune Afrique* (dans son édition en ligne du 5 juillet), il place « *quelques-uns de ses proches et* [évince] *certains soutiens du Premier ministre* », les membres du M5-RFP. Parmi les siens, le chef de l'État nomme Assa Badiallo Touré ministre de la Santé et du Développement social, qui est médecin dans l'armée, avec grade de colonel… Elle rejoint ainsi l'équipe resserrée mais forte des colonels omniprésents depuis le coup d'État de 2020 : Sadio Camara (ministre de la Défense et des Anciens Combattants) ; Abdoulaye Maïga (ministre de l'Administration territoriale et de la Décentralisation) ; Daouda Aly Mohammedine (ministre de la Sécurité et de la Protection civile) ; Ismaël Wagué (ministre la Réconciliation, de la Paix et de la Cohésion nationale, chargé de l'Accord pour la paix et la réconciliation nationale). Deux jours après cette manœuvre, Assimi Goïta reçoit les trois nouveaux ambassadeurs du Mali en Russie, au Gabon (siège aussi de la représentation pour le Cameroun et la Centrafrique) et au Tchad. Ces diplomates sont tous des officiers supérieurs, soit un colonel et deux généraux.

Toutes ces nominations à des postes importants donnent un aperçu glaçant du régime à venir : les Maliens le désapprouvent, mais l'armée n'en fait qu'à sa tête. Elle aurait cependant mieux fait d'octroyer les postes à des civils puisqu'elle promet leur retour à la direction de l'État ! La junte préfère un autre symbole : comme le peuple la conteste, elle se replie sur elle et pour cela se joue du droit.

Du point de vue constitutionnel, quel texte s'applique désormais ? La Cour constitutionnelle n'ayant pas proclamé les résultats définitifs de la consultation, le chef de l'État ne peut pas promulguer la nouvelle Constitution « *dans les huit jours suivant* » cette annonce, comme le précise l'article 191 du texte proposé aux Maliens, et les activités de la Haute Cour de justice ne peuvent pas non plus prendre fin (article 190). La Charte de la Transition et la Constitution de la IIIe République restent donc officiellement en concurrence, même si, depuis mai 2021, la Charte est la véritable norme suprême. La lenteur de ces mêmes juges à retarder la proclamation s'explique facilement : il faut gagner du temps pour éviter que les dispositions de la législation encore en vigueur ne soient annulées si elles étaient contraires à la Constitution de la IVe République (article 189). De même, ce temps laissé à la junte lui permet d'agir comme bon lui semble, y compris sans se conformer aux lois, puisque, selon l'article 188, « *les faits antérieurs à la promulgation de la présente Constitution couverts par des lois d'amnistie ne peuvent, en aucun cas, faire l'objet de poursuite, d'instruction ou de jugement* ».

Finalement, c'est à se demander si la junte ne va pas tout faire pour contrer cette Constitution devenue si encombrante pour elle. Elle en profite donc en anticipant l'éviction de la Primature, absente dans la nouvelle Constitution.

Choguel Maïga ou le crépuscule de la Primature

Après le remaniement ministériel, Monsieur Maïga n'est plus qu'un chef de gouvernement qui décline, dominé par la surpuissance du président de la Transition : c'est un prélude au régime présidentiel prévu dans la Constitution de la IVe République. Pourtant, Choguel Maïga aura soutenu la junte jusqu'au bout. Ses provocations contre la France resteront dans les annales, tout comme sa forte exposition médiatique. Défendant sans vergogne la dictature, grâce à laquelle il a accédé à la Primature, après la « *rectification de la Transition* » – en réalité un second coup d'État. On pensait que sa mise à l'écart temporaire, du 21 août au 5 décembre 2022, au profit d'un Premier ministre intérimaire, Abdoulaye Maïga, le ferait réagir : l'orgueil est un sentiment naturel, salutaire pour tout homme politique soucieux de sa carrière, mais non ! En juin 2023, il se réjouit du référendum sur la nouvelle Constitution, alors que les partis politiques, dont le M5-RFP – son propre parti – et les citoyens critiquent fort. Le jour du scrutin, il affirme ainsi : « *Tout Malien doit se rappeler que le projet de nouvelle Constitution est une exigence majeure du peuple malien du 5 juin 2020 au 24 mai 2024* ». Mais depuis la victoire du « oui », Monsieur Maïga n'est plus utile à la junte. Il n'est plus que le titulaire d'une fonction dont les attributions ont été prises par le président de la Transition et son influence politique a quasi disparu. Il en est réduit à de petites tâches de représentation : le 12 juillet, le Comité indépendant de suivi évaluation de la mise en œuvre des recommandations des Assises nationales de la Refondation (Cinsere-ANR) lui remet son rapport. Quelle mission ! Assurer le service après-vente de la dictature… Choguel Maïga est devenu un prête-nom, la caution civile d'un régime qui se militarise un peu plus, mais une caution encombrante.

En effet, le poste de Premier ministre est un caillou dans la botte du colonel Goïta. Ce dernier s'en est bien vite rendu compte, sept mois après son coup d'État d'août 2020 quand, profitant d'un remaniement ministériel, le Premier ministre Moctar Ouane, en mai 2021, décidait que le gouvernement se passerait de deux officiers, proches du chef putschiste. Son audace lui avait valu une expulsion définitive du gouvernement et une assignation à résidence. Cependant, aussi gênant soit-il, la Charte de la Transition et la Constitution de 1992 imposent un Premier ministre, à moins d'une réforme de la Charte avant l'entrée en vigueur de la Constitution de la IVe République, qui, elle, nous l'avons dit, ne prévoit pas cette fonction. Or, l'application de la nouvelle norme fondamentale ne peut avoir lieu rapidement. Il faut d'abord que la Cour constitutionnelle proclame les résultats du référendum, très favorables au texte, malgré la faible participation des électeurs ; il faut ensuite que le président de la Transition promulgue la nouvelle norme fondamentale ; et il faut enfin attendre l'élection du nouveau président de la République, en 2024.

À ce problème de droit pour les colonels s'ajoute un problème politique : l'actuel chef du gouvernement est usé jusqu'à la moelle. Il est difficile que le chef de l'État puisse encore le laisser occuper son fauteuil. Toutefois, s'il doit lui trouver un successeur, seul un civil obéissant peut convenir, mais les profils de ce genre sont peu nombreux, eu égard aux contestations causées par l'organisation et les résultats du référendum. Bien sûr, il reste le recours du ministre intérimaire, mais sa qualité de colonel ne peut que déplaire aux Maliens et rendre moins crédible l'engagement d'Assimi Goïta de remettre le pouvoir aux civils en 2024. Les élections législatives prévues pour octobre 2023 feront peut-être émerger de nouvelles personnalités. Un nouveau Premier ministre pourrait s'imposer comme le chef d'une majorité au Conseil national de Transition. Ce n'est pas impossible, car les partis ayant appelé à voter « oui » au scrutin référendaire et déçus de n'avoir vu aucun de leurs membres entrer au gouvernement pourraient fédérer les mécontents et les abstentionnistes. Dans ces conditions, et dans la perspective de la présidentielle, le régime se durcit encore.

L'avenir de la junte dans la perspective de l'élection présidentielle

En politique, le temps est un critère capital. Pour les militaires, à partir de juillet 2023, le délai restant avant le scrutin est à la fois long et court. D'après l'article 155 de la loi électorale du 24 juin 2022, que nous citons encore pour plus de clarté, « *pour les élections pendant la Transition, les membres des forces armées ou de sécurité qui désirent être candidats aux fonctions de président de la République doivent démissionner ou demander leur mise à la retraite au moins quatre (04) mois avant la date de l'élection présidentielle marquant la fin de la Transition* ». Si l'échéance a donc lieu en février 2024, comme cela est prévu, les colonels que la présidence de la République attire devront quitter l'armée en octobre au plus tard. Il leur reste ainsi trois mois pour se décider, trois mois pour se préparer. Les stratagèmes dont ils usent depuis août 2020 pour retarder ce scrutin confirment leurs ambitions à tous et à chacun en particulier. C'est donc la survie de la junte qui se joue dans cette brève période. Que peut-il alors se passer ? Voici quelques hypothèses.

Le 19 août 2020, Assimi Goïta déclarait que le coup d'État visait « *une transition politique civile conduisant à des élections générales crédibles pour l'exercice démocratique* ». Pour la présidentielle, s'il veut respecter sa parole, il doit s'en tenir à l'article 9 de la Charte de la Transition modifiée en 2022 et à l'article 155 de la loi électorale, donc démissionner à la fois de la présidence de la Transition et de l'armée. Cet officier choisira-t-il de mettre fin à sa carrière militaire brillante, carrière au cours de laquelle il fut porté, très jeune, à la tête des forces spéciales ? La tentation de rester dans la vie politique, aux plus hautes responsabilités, lui fait aussi courir le risque d'une défaite électorale tout à fait possible : après des années de démocratie ratée, les Maliens ont bien le goût de l'uniforme, mais les conditions de rédaction de la Constitution de la IVe République et son adoption après un référendum catastrophique ont rendu Assimi Goïta moins populaire. L'appui des partis politiques lui fait également défaut, surtout depuis le remaniement ministériel du

1er juillet 2023 au cours duquel il a écarté les rares soutiens – motivés, il est vrai, par le seul désir de faire partie du gouvernement. Chef du CNSP puis de la Transition, Assimi Goïta demeure plus que la figure de proue du régime, malgré les discrètes rivalités au sein du groupe des colonels. Sa personnalité souvent décrite comme falote cache finalement un habile tacticien dont le quasi-mutisme et la grande réserve auront été des atouts. Fragilisé et près de tout perdre, il pourrait prendre une décision surprenante.

À la suite de nombreux démocrates douteux, Assimi Goïta serait porté à user de la si pittoresque théorie du « mandat glissant », disposition coutumière dans les dictatures par laquelle un chef d'État retarde, pour une raison fantaisiste, la tenue de l'élection présidentielle dont l'issue risquerait de lui être défavorable. Par exemple, en 2016, en République démocratique du Congo, Joseph Kabila réussit à repousser le scrutin de trois ans, la Constitution lui interdisant un nouveau mandat. Sinon, une troisième modification de la Charte n'aurait rien d'étonnant pour permettre au titulaire de la fonction suprême de se maintenir au pouvoir – en Côte d'Ivoire, c'est de cette façon que Alassane Ouattara a conservé son fauteuil – ; la suppression de l'article 9 serait de même bien utile ; et la non-promulgation de la nouvelle Constitution, dont l'entrée en vigueur dépend de l'installation des nouvelles institutions, comme la présidence de la République (article 190), pourrait elle aussi servir Assimi Goïta.

En tout cas, sa démission ouvrirait la porte du palais de Koulouba à Malick Diaw. Comme président du CNT, qui fait office d'Assemblée nationale, celui-ci assurerait, de droit, l'intérim de la présidence de la Transition : ainsi en dispose l'article 7 de la Charte (dans sa version de 2022). Dans ces circonstances, le colonel ne pourrait pas se présenter devant les électeurs en février. Pour Assimi Goïta, cet empêchement écarterait un adversaire. Mais ce dernier accepterait-il d'abandonner les délices d'une fonction occupée de façon si provisoire ? Les colonels collaborent sans trop de difficulté depuis le début de la Transition, mais l'envie de concrétiser une ambition commune contrarierait leur entente : Sadio Camara, Malick Diaw, Assimi Goïta, Abdoulaye Maïga, Daoud Aly-Mohammedine et Ismaël Wagué resteront-ils unis ?

Un coup d'État est malheureusement possible. Le Mali en a connu souvent et les pays de la région comme la Guinée et le Burkina Faso en ont été victimes récemment, comme nous le verrons : au palais de Kosyam, le lieutenant-colonel Paul-Henri Damiba a été renversé par le capitaine Ibrahim Traoré en septembre 2022, huit mois seulement après avoir démis de ses fonctions le Président Roch-Marc Christian Kaboré. Les deux officiers faisaient pourtant partie du même Mouvement patriotique pour la sauvegarde et la restauration (MPSR). Les alliés d'aujourd'hui sont les adversaires de demain.

La Charte de la Transition autorise tout citoyen à se présenter à l'élection présidentielle dès lors qu'il présente un casier judiciaire suffisamment vierge. Or, l'Afrique étant le continent où la banane est reine, il n'y aurait rien de surprenant à ce qu'un prétendant au fauteuil présidentiel se débarrasse d'un de ses concurrents en plaçant sous ses bottes un spécimen de ce fruit dont la peau se révèle ô combien glissante quand le pied se porte dessus. On peut ainsi accuser un opposant de maux assez graves pour contrecarrer sa candidature. L'histoire récente du Mali rend crédible cette hypothèse. Que l'on se souvienne ainsi du coup de force d'un vice-président de la Transition en mal de pouvoir imputant au Président Bah N'Daw et au Premier ministre Moctar Ouane, en mai 2021, une « *intention avérée de sabotage de la Transition* ». Qualifiée de « *rectification* », cette mise à l'écart permit à Assimi Goïta d'accéder à la présidence de la Transition. Un colonel ambitieux pourrait donc vouloir réactiver un procédé si efficace contre l'un de ses collègues.

Un article publié sur le site *Mali Actu* le 13 juillet 2023 suggère une dernière hypothèse : « *la Cédéao souhaite avoir la possibilité d'intervenir militairement contre les militaires avec le soutien de l'OTAN, au nom de la lutte contre le terrorisme. La Cédéao et ses bailleurs de fonds veulent ainsi déployer une force militaire au Mali pour remplacer les Casques bleus* ». Que cette initiative se concrétise ou non, elle peut inciter l'armée au pouvoir à réagir avec force et donc sans aucun souci des règles constitutionnelles. Quoi qu'il arrive, les Maliens vont devoir se montrer patients et se préparer à des soubresauts importants. D'autant plus que les djihadistes continuent de gagner du terrain.

Un Premier ministre en campagne pour la présidentielle ?

Le sujet de la sécurité a beau tarauder les esprits, et à juste titre, il n'autorise pas tous les excès. Le 17 juillet 2023, Choguel Maïga déclare, à Mopti : « *Tous ceux qui nous soutiennent aujourd'hui, s'ils n'ont pas à manger demain, sont les mêmes qui vont prendre des cailloux pour nous renvoyer. Les discours patriotiques et nationalistes peuvent tenir un an, deux, trois ans. [...] Sur la durée, c'est l'économie qui tient.* »

Ces propos cinglants à l'égard de la junte sont ceux d'un homme qui n'a plus rien à espérer du régime : lors du remaniement, Choguel Maïga a conservé son poste, certes, mais il a surtout perdu son influence, les membres de son gouvernement étant uniquement composés de partisans de l'armée. Isolé, il réagit avec une sorte de fatalité, conscient d'être mis à l'écart, de subir un affaiblissement politique important. Ses critiques annoncent une rupture probable avec les colonels, sauf si ces derniers lui redonnent l'estime de naguère. Parce que les Premiers ministres ont une vie politique de courte durée dans les Transitions – Moctar Ouane est resté huit mois chef du gouvernement, et, en Guinée, Mohamed Béovagui a passé dix mois à la Primature –, Choguel Maïga cherche ainsi à se relancer politiquement.

Sa déclaration vise à menacer la junte d'une dissidence dangereuse pour elle alors que l'élection présidentielle est prévue en février 2024. Fort d'un slogan, l'économie d'abord, Choguel Maïga dénonce la petitesse d'un programme réduit au patriotisme et au nationalisme, idées qui prospèrent en Afrique noire francophone en même temps que la « démocratie sécuritaire », celle qui subordonne la démocratie à l'exigence de sécurité, donc le pouvoir des civils, même désignés par les urnes, à celui des militaires – ce point sera traité plus loin. Le ton comminatoire du Premier ministre a toutefois ses limites : ancien ministre du contesté IBK, comptable de trois années de gouvernance, critiqué par le M5-RFP, dont il fut l'un des dirigeants, Choguel Maïga ne peut espérer mieux que jouer le rôle de troisième homme s'il a l'envie de se présenter à la présidence de la République, et faire de l'ombre au candidat du régime en lui retirant quelques voix.

En se repliant sur eux-mêmes, les colonels amoindrissent les forces d'un allié qui les gêne à durcir la militarisation de la Transition, mais ils accroissent celles de l'homme politique, le transformant en opposant sérieux, car il les pousse à proposer un programme politique véritable, plus consistant que la souveraineté recouvrée, une ambition qui, étant donné son échec, n'est qu'une formule publicitaire : la très mauvaise organisation du référendum dans le nord du pays, notamment, aura révélé l'échec des mesures entreprises pour l'atteindre ; l'essentiel du Mali est en effet aux mains des islamistes et la Russie et Wagner sont à l'origine de bien des décisions prises à Bamako ! Quel début désastreux pour la IVe République commençant !

Les débuts désastreux de la IVe République

Dès le 22 juillet 2023, la Constitution de la IVe République est effective. Promulguée par le chef de l'État, la nouvelle norme fondamentale marque une étape importante dans l'histoire de la Transition. Sa publication au *Journal officiel* aurait dû clarifier une situation juridique complexe qui durait depuis trois ans à cause de l'application simultanée de la Constitution de 1992 et de la Charte de la Transition. Nul juriste ne savait vraiment à quel texte se référer ; les arrangements de la junte avec tel ou tel article pris dans l'un ou l'autre de ces deux documents décidaient de la suprématie alternative de ceux-ci. On pouvait donc réprouver le contenu du projet constitutionnel, approuvé à la suite d'un référendum douteux, mais on ne pouvait que se réjouir d'une netteté enfin recouvrée en matière de droit constitutionnel. Hélas ! l'abstraction et le flou règnent un peu plus !

C'est à n'y rien comprendre : d'après l'article 186, « *le fondement de tout pouvoir, en République du Mali, réside dans la Constitution* » ; or, selon l'article 189, « *la législation en vigueur demeure valable dans la mesure où elle n'est pas contraire à la présente Constitution et où elle n'est pas l'objet d'une abrogation expresse* », disposition que précise l'article 190 : « *Jusqu'à la mise en place des nouvelles institutions, les institutions établies continuent d'exercer leurs fonctions et attributions* »... En d'autres, termes, la Charte de Transition, qui régit le Mali depuis 2020, continue de s'appliquer, parce que le chef de l'État ne l'a pas annulée, et parce que les nouvelles institutions, comme un président de la République élu, n'ont pas encore pris leurs fonctions. Rappelons en effet que, conformément à l'article 22 de la Charte de la Transition modifiée le 25 février 2022, « *la Transition prend fin avec l'élection présidentielle organisée par les autorités de la Transition* ». Il apparaît donc que l'État malien se trouve placé sous la gouvernance à la fois de la Constitution de la IVe République, de la Charte, donc, aussi, de la Constitution de la IIIe République, puisque l'une et l'autre se complètent officiellement. Coexistent donc un régime de Transition et une nouvelle République… Absurde, inepte, illogique, confus, aberrant, incohérent… Quel adjectif peut préciser l'ordre constitutionnel prétendu ? La junte se charge de détourner l'attention du curieux. Ainsi, le lendemain de la promulgation de la Constitution, Assimi Goïta s'est-il rendu à Kayes. Présenté par *Mali-Online TV* comme la « *première visite officielle du chef de l'État sous la IVe République* », ce déplacement vise à donner une image positive du Président et de sa clique. Accueilli dans le stade de la ville dans une ferveur dérangeante par son manque de naturel, le chef des colonels rebelles passe pour un dirigeant bâtisseur. Dans une période délicate pour elle, la junte a su trouver les fonds pour la construction d'un lycée, pour améliorer l'équipement médical de l'hôpital local… et peut s'appuyer sur le commentaire dithyrambique d'un journaliste obséquieux pour qui « *cette visite mémorable et historique traduit ainsi l'engagement renouvelé du chef de l'État à la souveraineté du Mali, mais aussi au bien-être des populations maliennes où qu'elles se trouvent* ». Les habitants du nord du Mali qui n'ont pas pu voter au dernier scrutin apprécieront.

La junte a beau regarder ailleurs, le problème constitutionnel demeure : dans ce système, les institutions sont paralysées. Prenons par exemple la vacance de la présidence de la République – situation importante, qui s'est déjà présentée en 2020. La nouvelle Constitution prévoit que dans cette circonstance « *les fonctions du président de la République sont exercées par le Président de l'Assemblée nationale. En cas d'empêchement, de désistement ou de décès de celui-ci, elles sont exercées par le Président du Sénat* ». Mais, pour le moment, les sénateurs n'ont pas été élus ; il n'existe donc pas de président du Sénat. Par conséquent, si ni Assimi Goïta, ni le président du CNT, Malick Diaw, ne pouvaient occuper le fauteuil présidentiel, ce dernier resterait inoccupé. Par ailleurs, le président de la Transition étant, de fait, président de la République, a-t-il le droit de rester en poste sans avoir à démissionner de l'armée ou à demander sa mise à la retraite de cette institution, puisque l'article 155 de la loi électorale du 24 juin 2022 empêche un membre des forces armées de se présenter à l'élection présidentielle, donc d'être chef de l'État ?

Répondre à cette question n'est plus urgent, la Transition devant durer plus que prévu, comme l'indique l'hebdomadaire *Journal du Mali* : le 8 août 2023, le ministre de l'Administration territoriale et de la Décentralisation, Abdoulaye Maïga, rencontre deux cent quatre-vingt-onze partis politiques, et la réunion aboutit à diverses propositions, parfois contradictoires, mais domine l'idée de prolonger la Transition de trois à dix-huit mois (selon des critères inconnus). Cette décision permettrait de « *bien organiser les élections à venir* », selon certains participants. Le ministre d'État essaie de rassurer les Maliens inquiets : « *Il n'y a aucune volonté de prendre en otage la Transition, de perdurer au pouvoir, comme certains aiment bien le dire. Je pense que l'indicateur de bonne volonté est le référendum constitutionnel.* » Le ministre de la Refondation de l'État, Ibrahim Ikassa Maïga, renchérit : il ne faut pas « *se précipiter* », il faut éviter de « *retomber exactement dans la même situation et créer les conditions d'une autre Transition alors que l'occasion rêvée est donnée de bien faire les choses* ». Évidemment ! Mais trois ans après avoir pris les commandes du Mali par la force, se justifier de les conserver, alors que du retard a été pris en 2022, c'est justifier l'injustifiable. Ou alors, il aurait fallu tenir compte des mauvais résultats du référendum sur la Constitution et ne jamais promulguer un texte qui ne convient qu'à une minorité. Mais les régimes de Transition n'ont pas cette habitude et leur multiplication en Afrique les encourage à garder leur cap.

III. Le durcissement des régimes dictatoriaux en Afrique francophone

« Un État qui ne parvient pas à assurer la sécurité de sa population, ni celle des édifices publics, est en faillite. L'effondrement de l'État libyen et le développement du terrorisme, particulièrement dans les États d'Afrique de l'Ouest, ont entraîné une nouvelle vague de coups d'État militaires. Le Mali comme le Burkina Faso ont récemment connu deux coups d'État par suite du terrorisme djihadiste dans la zone des trois frontières. La situation du Mali semble inextricable et celle du Burkina Faso paraît calamiteuse. Elles illustrent parfaitement le lien entre les coups d'État et le déficit structurel et sécuritaire de l'État. »[6]

Dans un article du 4 août 2023, le journal *Mali Actu* rapporte l'affaire : pour avoir critiqué Assimi Goïta, une vidéaste, Rokia Doumbia, est condamnée à un an de prison ferme. Elle avait déclaré : « *Sous votre gouvernance, rien ne va plus. Cette transition est un échec total, sans aucune réalisation significative.* » La liberté d'expression est mise à mal ; la Transition se durcit juridiquement, se raidit même. S'éloigne ainsi la figure du soldat salvateur libérant le peuple opprimé par les méfaits de la mauvaise gouvernance. Mais ce modèle réussit à se diffuser, tout

---

[6] Voir Ngango Youmbi (É.) et Cissé (B.), « Chronique de trente-deux ans de coups d'État en Afrique », *RFDC*, 2023, p. 46.

comme celui du constitutionnalisme pour rester au pouvoir : le Niger, qui avait à sa tête un Président démocratiquement élu, dont le mandat était marqué par la lutte contre la corruption, passe aux mains d'un général rebelle, Abdourahamane Tchiani. Les sanctions de la Cédéao contre Niamey sont critiquées par les juntes du Sahel et de la Guinée : les dictatures militaires s'entraident.

L'affaire des soldats ivoiriens : ou le raidissement de la junte malienne

Le 6 janvier 2023, le porte-parole du gouvernement annonce qu'Assimi Goïta « *a accordé sa grâce avec remise totale de peine aux 49 Ivoiriens condamnés par la justice malienne* » et emprisonnés depuis juillet 2022. Le conflit diplomatique entre le Mali et la Côte d'Ivoire semble donc résolu. Mais, pour cela, il aura fallu ranimer brièvement la Constitution de la IIIe République ou encore négliger la procédure à suivre en de telles circonstances, c'est-à-dire tordre le droit et soumettre la justice aux intérêts politiques. Rédigé en des termes amers à l'égard de la Cédéao notamment, le communiqué laisse de surcroît douter des intentions ayant conduit à cette issue *a priori* favorable ; voire, il ne fait qu'aggraver les relations diplomatiques désastreuses entre le Mali et les États d'Afrique.

Le Mali offrirait-il au monde l'exemple d'un dirigeant magnanime en la personne du président de la Transition ? Qu'on en juge d'après la nouvelle trouvaille de la junte pour se sortir du guêpier dans lequel elle s'est mise le 10 juillet 2022. Ce jour-là, elle a fait emprisonner quarante-neuf soldats ivoiriens qu'elle condamnait en décembre suivant pour « *crimes d'attentat et de complot contre le gouvernement ; atteinte à la sûreté extérieure de l'État ; détention, port et transport d'armes et de munitions de guerre ou de défense intentionnellement en rela-*

tion avec une entreprise individuelle et collective ayant pour but de troubler l'ordre public par l'intimidation ou la terreur». Après six mois de négociations, et par l'entremise de Faure Gnassingbé, le Président du Togo, Assimi Goïta consentait à libérer les prisonniers en recourant au droit de grâce, prévu à l'article 45 de la Constitution de la IIIe République, cette même Constitution qui avait pourtant perdu sa suprématie le 28 mai 2021, date à laquelle les juges constitutionnels reconnaissaient sa soumission à la Charte de la Transition. Cette résurrection de circonstance, surprenante, évidemment, montre la plasticité du droit et de la justice entre les mains de dictateurs, par définition sans scrupule, lorsqu'ils veulent atteindre leurs objectifs politiques. Pour cette raison, la junte a négligé la procédure du recours en grâce : en principe instruit par le ministre de la Justice, il doit donner lieu à un décret signé par le Président et contresigné par le Premier ministre et le ministre de la Justice. Aussitôt ressuscitée, la Constitution est piétinée. Mais, en septembre dernier, la libération des trois seules femmes parmi les quarante-neuf soldats illustrait déjà la domination du pouvoir sur la justice : pour « raisons humanitaires », elles pouvaient regagner leur pays sans qu'aucun droit de grâce ne fût prononcé et avant le verdict du procès les condamnant pourtant au même titre que leurs collègues masculins ! C'était faire grâce au droit de grâce. Une première ? Non : en 2021, le président Bah N'Daw et le Premier ministre Moctar Ouane, eux aussi mis en cause pour complot contre l'État, recouvraient la liberté qu'ils avaient perdue, sans que la justice ne fût intervenue à aucun moment. Ces contradictions s'expliquent par l'obsession de la junte, atteindre la souveraineté à tout prix.

Le « *Mali ne figure plus sur la liste des pays intimidables et a définitivement retrouvé sa souveraineté* », indique le porte-parole du gouvernement dans le communiqué. En effet, là se trouve la véritable raison de cette crise : la junte a cherché pendant six mois, avec orgueil, à s'opposer à la Cédéao, à bomber le torse, comme lors d'une parade militaire, comme si toute organisation internationale ou régionale risquait de mettre à mal son pouvoir sur le Mali. Cela prouve l'ignorance continuelle des colonels quant à la façon de diriger un État. Cette déclaration est aussi l'aveu de la nullité des accusations portées contre les soldats ivoiriens, aucunement des « *mercenaires* ». Pire encore : le document émanant du porte-parole du gouvernement aggrave la situation, car si la grâce a bien été prononcée, elle diffère de l'amnistie : la première se limite à suspendre l'exécution d'une peine, tandis que la seconde l'efface. Les soldats ivoiriens restent donc coupables. La grandeur d'âme d'Assimi Goïta telle que le communiqué l'exprime, qui « *démontre une fois de plus son attachement à la paix, au dialogue, au panafricanisme, à la préservation des relations fraternelles et séculaires avec les pays de la région, en particulier celles entre le Mali et la Côte d'Ivoire* », peut alors prêter à rire, d'autant qu'elle provient, en réalité, d'un bras de fer perdu par la junte. Mais le ton condescendant du colonel Maïga fait plutôt frémir quand il parle du président de la Cédéao, qui aurait « *échoué lamentablement à porter atteinte à l'honneur du Mali* ». Ce registre comminatoire éclate lorsque le ministre d'État affirme que l'organisation régionale n'agit pas assez pour lutter contre les terroristes et la pauvreté. C'est un comble alors que l'état du Mali résulte de cinquante ans de dictature militaire, dictature qui est constitutionnalisée en juillet 2023 et que l'on retrouve dans nombre de textes juridiques en Afrique.

Trois pays, cinq coups d'État, quatre Chartes et trois Constitutions : l'utilisation des armes constitutionnelles en question

Un grand mouvement d'élaboration du droit constitutionnel a lieu en Afrique de l'Ouest. Trois régimes militaires, au Mali, en Guinée et au Burkina Faso, se sont engagés dès leur prise de pouvoir, à quelques mois d'intervalle, à fournir une Constitution adaptée aux citoyens. Dans la préface de notre essai, *La IIIe République au Mali. Histoire constitutionnelle : 18 août 2020-28 mai 2021*, Jean du Bois de Gaudusson explique que « *cette utilisation des armes juridiques est parfois considérée comme un "progrès"* [...] *dans la mesure où les nouveaux dirigeants issus des coups d'État, en se préoccupant de fonder leurs actions sur le terrain du droit, plutôt que sur celui des armes, manifesteraient une prise de conscience de l'importance de l'État de droit et l'acceptation, a minima, certes, d'un minimum d'obligations qui en découlent* ». Mais, la tartuferie préside à ces tripatouillages du droit qui, utilisé à tort et à travers pour légitimer l'emprise sur les institutions en dehors de toute élection démocratique, est en butte à la défiance des citoyens. Les Assemblées nationales de la refondation malienne ou les Comités de veille et de développement (Coved) burkinabè desquels émaneraient les principes inclus dans les nouvelles Constitutions ne trompent personne : ils promeuvent les règles des régimes qui les ont créés, non de leurs participants, les fameuses « *Forces vives de la nation* ». Les « armes juridiques » constitutionnelles, qu'on pensait efficaces, se sont finalement enrayées. Les juntes ont en commun de se servir brutalement du droit constitutionnel mais aussi, au besoin, de toucher à la Constitution avec la même violence. La similitude des Chartes dans un de ces pays oblige à observer ce qui se produit dans les deux autres en matière politique et constitutionnelle.

Au Mali, le 19 août 2020, le colonel Assimi Goïta renverse le Président Ibrahim Boubacar Keïta. Il récidive le 24 mai de l'année suivante en écartant Bah N'Daw, éphémère président de la Transition. En Guinée, le 5 septembre 2021, le colonel Mamadi Doumbouya évince Alpha Condé. Au Burkina Faso, le 23 janvier 2022, le lieutenant-colonel Paul-Henri Damiba démet de ses fonctions le chef de l'État Roch-Marc Christian Kaboré. Le 30 septembre, il est lui-même remplacé par le capitaine Ibrahim Traoré. Des régimes militaires d'exception sont mis en place : le Comité national pour le salut du peuple s'installe à Bamako ; le Comité national du rassemblement pour le développement (CNRD) s'établit dans la capitale guinéenne ; et le Mouvement patriotique pour la sauvegarde et la restauration s'empare du palais de Kosyam. Les officiers au pouvoir prennent des dispositions en matière constitutionnelle. Au Mali, le CNSP maintient en vigueur la IIIe République, mais décide de la compléter d'abord par un Acte fondamental (le 24 août 2020), puis par une Charte de Transition (modifiée deux fois, la dernière fois le 22 février 2022), qui lui est supérieure lorsque les deux textes s'opposent sur un point ou un autre. Les juges constitutionnels reconnaissant cette domination, la norme fondamentale survit officiellement, mais elle est inactive. En Guinée, l'armée suspend la Constitution dès son arrivée et la remplace par une Charte de Transition. Au Burkina Faso, après le premier coup d'État, l'application de la Constitution est d'abord différée, puis celle-ci est réactivée le 29 janvier par un Acte fondamental, tout en étant soumise à ce dernier texte. Une Charte de Transition est ensuite adoptée le 1er mars, mais dès qu'ils annoncent le remplacement du lieutenant-colonel Damiba par le capitaine Traoré, les putschistes rendent caduc ce document qui sert de Constitution. Courant octobre 2022, une nouvelle Charte sert de norme suprême, mais la IVe République demeure, au moins en principe. Comme nous l'avons expliqué en ce qui concerne le Mali, le Conseil constitutionnel du Burkina Faso a pris acte des deux coups d'État et les a constitutionnalisés, implicitement, en négligeant la nécessité de transmettre le pouvoir dans les « *formes démocratiques* »[7]. Il a appuyé sa décision sur des faits politiques : les 30 septembre, 1er et 2 octobre 2022, la Constitution a été suspendue, la Charte de la Transition du 1er mars 2022 a été dissoute, le gouvernement et l'Assemblée législative de Transition ont été révoqués. Il a aussi motivé sa décision à partir du communiqué n° 1 du 30 septembre 2022 annonçant que Paul-Henri Sandaogo Damiba, lieutenant-colonel des Forces armées nationales, était démis de ses fonctions de Président du MPSR et qu'Ibrahim Traoré, capitaine des Forces armées nationales, était nommé président du MPSR dès le 30 septembre : ainsi, les juges constataient la vacance de la présidence de la Transition.

Le colonel Goïta s'exprime publiquement le lendemain de la chute d'IBK pour justifier son action brutale : « *Le Mali se trouve dans une situation de crise sociopolitique, sécuritaire* ». Quelques mois plus tard, en juillet 2021, le Premier ministre Choguel Maïga annonce que de nouveaux textes fondamentaux de la République auront bientôt cours, suivant le Plan d'action du gouvernement et, fin 2021, les ANR prévoient l'élaboration d'une nouvelle Constitution. La situation est très proche en Guinée où le colonel Doumbouya, qui s'est passé des urnes pour « *sauver le pays* » de la « *gabegie financière* » et de la « *personnalisation de la chose publique* », affirme : « *Nous allons réécrire une Constitution ensemble, cette fois-ci, toute la Guinée* ». Le premier coup d'État burkinabè diffère quant à lui, car les hommes du lieutenant-colonel Damiba promettent dès leur arrivée au pouvoir le « *retour*

[7] Voir Ngango Youmbi (É.) et Cissé (B.), « Chronique de trente-deux ans de coups d'État en Afrique », *RFDC,* 2023, *op.cit.*p. 29.

à un ordre constitutionnel ». Sans aucune précision, cette déclaration laisse place à des suppositions : s'il était resté à son poste, le président de Transition aurait peut-être proposé, à terme, l'abrogation de la loi de 1991. Les revirements divers et la concurrence de plusieurs textes entre fin janvier et début octobre 2022 montrent en tout cas son manque de vision politique à long terme. Il en va de même concernant les putschistes du capitaine Traoré dont les arguments soutenant la prise de pouvoir ressemblent à ceux de leurs semblables Maliens et Guinéens quand ils disent : « *Nous avons décidé de prendre nos responsabilités, animés d'un seul idéal, la restauration de la sécurité et de l'intégrité de notre territoire* » ; ils s'estiment aussi trahis par leur chef, mais en aucun cas ils ne souhaitent d'abord une nouvelle Constitution, alors qu'une Charte de Transition précise et adapte celle qui existe. Il faut attendre le 30 mai 2023 pour que des ambitions claires soient données : le Premier ministre, Apollinaire Joachim Kyelem de Tambela, annonce la volonté du régime de créer « *une Constitution qui soit le reflet des aspirations de la population* », qui soit spécifique au Burkina Faso, parce que « *le mimétisme constitutionnel a pour corollaire non seulement le déficit démocratique, mais aussi le mimétisme de gouvernance qui entraîne un dysfonctionnement entre le peuple et son administration* ». On le voit, si la mauvaise gouvernance est toujours dénoncée comme l'une des causes principales de l'insécurité, la responsabilité de la Constitution dans la crise étatique compte elle aussi, puisque son inadaptation aux particularités de tel ou tel État contribuerait au désordre. Le mimétisme, si souvent dénoncé depuis les indépendances par la recherche en droit, persiste encore en 2023 dans les discours des hommes politiques. Il est surprenant que ce procès ne soit pas celui des Chartes de Transition elles-mêmes, ces petites Constitutions qui bourgeonnent quand le printemps de la liberté et de la démocratie semble revenir grâce aux militaires !

En effet, la duplication des textes provisoires à valeur constitutionnelle fonctionne à fond en Afrique de l'Ouest : Actes fondamentaux et Chartes se ressemblent beaucoup et ressemblent aussi beaucoup aux Constitutions qu'ils complètent – en fait, qu'ils remplacent –, alors qu'on peut logiquement penser que leur suprématie se justifie par leur meilleure qualité, c'est-à-dire une meilleure prise en compte des particularités de chaque État et seraient un avant-goût des Constitutions ultérieurement proposées au peuple. Il n'en est pourtant rien. Pour le dire autrement, ces Actes et ces Chartes ne font que reprendre un peu plus la Constitution française de la Ve République ! Étant écrits à la va-vite, ils sont nécessairement vite supprimés et, concernant les Chartes, elles peuvent être modifiées (comme au Mali) ou remplacées par d'autres (comme au Burkina Faso). Ces textes ont aussi le point commun d'être imposés rapidement après le coup d'État et sans la collaboration du peuple. L'armée guinéenne a bien donné l'illusion d'une concertation citoyenne aboutissant à la création de la Charte, mais les circonstances et la rapidité avec laquelle elle a été élaborée ne laissent pas de doute quant à la mainmise des putschistes sur la rédaction.

Dans un tel essai, il est impossible d'analyser toutes les similitudes des textes produits par les rebelles maliens, guinéens et burkinabè. Aussi nous bornerons-nous à comparer leurs Chartes seulement sur les dispositions portant sur la présidence de la Transition dans la perspective de l'élection présidentielle marquant la fin du régime provisoire, cette fonction restant toujours la plus importante dans tout régime républicain, ou prétendu tel.

Sur ce sujet, l'article 9 de la Charte malienne de février 2022 indique que « le *Président de la Transition n'est pas éligible aux élections présidentielle et législatives, qui seront organisées pour marquer la fin de la*

Transition » et que « *la présente disposition n'est pas susceptible de révision* ». La Charte en vigueur en Guinée dispose, à l'article 46, que « l*e Président et les membres du Comité national du Rassemblement pour le Développement ne peuvent faire acte de candidature ni aux élections nationales ni aux élections locales qui seront organisées pour marquer la fin de la Transition. La présente disposition n'est susceptible d'aucune révision.* » L'article 10 de la Charte du Burkina Faso, lui, est ainsi rédigé : « *Le mandat du président de la Transition prend fin avec l'investiture du Président issu de l'élection présidentielle. Le président de la Transition n'est pas éligible aux élections présidentielles, législatives et municipales qui seront organisées pour mettre fin à la Transition. La présente disposition n'est susceptible d'aucune révision.* »

Les régimes militaires semblent prendre des mesures pour empêcher la dictature militaire en s'imposant des interdictions et une échéance à leur durée au pouvoir, une sorte de fin de mandat. Mais des combinaisons juridiques en autorisent le contournement. Plus avancés que leurs complices guinéens et burkinabè, les colonels maliens se sont dotés d'une loi électorale le 24 juin 2022 dont l'article 155 leur permet de se présenter aux élections pendant la Transition s'ils ont quitté l'armée (par suite de démission ou de mise à la retraite). Parce que les trois régimes présentent des similitudes nombreuses, il n'est pas excessif de penser que les mêmes termes de cette loi électorale trouveront place dans quelque texte juridique guinéen ou burkinabè tant les concepteurs des petites Constitutions que sont les Actes fondamentaux et les Chartes se lisent et se copient manifestement. La Cédéao a d'ailleurs ces craintes. Aussi contestée soit-elle, l'organisation régionale dénonce des situations objectivement injustes et nuisibles qu'il faut assurément prendre au sérieux. Le 7 juillet 2023, elle examine l'évolution des trois Transitions : le retard qu'elles prennent depuis le départ ne fait qu'augmenter l'inquiétude de voir perdurer des systèmes antidémocratiques et disparaître la paix, très fragile. La Cédéao charge ainsi le président du Bénin, Patrice Talon, de rencontrer les chefs putschistes pour connaître leurs intentions quant à leur candidature aux élections présidentielles. Les États membres se préparent au pire. Ils veulent réactiver leur force armée commune, *l'Economic Community of West African States Cease-fire Monitoring Group* (*Ecomog*). Le contenu des Chartes n'est pas seul à faire redouter la prolongation des dictatures. Aucune des trois juntes ne respecte ainsi son « chronogramme » – encore un mot utilisé à maintes reprises par les trois juntes, improprement d'ailleurs, puisque, d'après le Larousse en ligne, il désigne un graphique, non un calendrier, terme qui convient mieux à l'usage qui en est fait. La durée des régimes d'exception a été rallongée et les organes que l'armée a institués ou modifiés l'ont été à sa convenance, à son avantage, sans l'intervention d'un tiers habilité à en assurer l'équilibre ni l'équité.

Jusqu'à présent, les putschistes trouvent ce qu'il faut dans le droit pour se maintenir à leur place avec le plus de légitimité possible. Cependant, au Mali, les manifestations et le ridicule taux de participation au référendum constitutionnel du 18 juin démontrent que cette duperie ne fonctionne pas. Ils annoncent aussi l'échec d'une Constitution que la majorité ne reconnaîtra jamais et qui pourrait donner lieu à de nouvelles contestations, éventuellement sanglantes, comme le pays en a connu. Les États voisins feraient bien de méditer sur cette situation quand un coup d'État militaire les frappe.

Le renforcement des liens entre dictatures militaires africaines

Au Niger, le président de la République élu suivant des modalités régulières, Mohamed Bazoum, se retrouve séquestré avec une partie de sa famille à la suite d'un coup d'État le 26 juillet 2023. Loin de révolter les régimes militaires du Mali, de la Guinée et du Burkina Faso, parangons de vertu et militants affichés contre la corruption, cette situation est activement soutenue. La « démocratie sécuritaire » chasse la démocratie électorale. Les gouvernants issus de coups d'État récents se durcissent, se soutiennent, grâce à la mollesse des organisations internationales.

L'adhésion populaire à un régime fort se répand. Certains sont prêts à abandonner les libertés au profit de la dictature : le dédain pour la démocratie, électorale notamment, s'explique par la domination de traits culturels forts en Afrique, tels la tradition, le culte du chef, la religion, et par la faillite prétendue de ce système politique, au départ propre à l'Occident, considéré comme responsable de tous les maux depuis les indépendances, car les Constitutions, qui l'établissent, et les hommes chargés de les faire appliquer auraient tous échoué à instaurer la paix et la prospérité. Par une facilité de raisonnement, c'est donc l'ancienne puissance coloniale qui importa la démocratie, la France, qui est cause de tous les problèmes, l'insécurité en particulier. Pour l'armée, l'urgence sécuritaire primant sur la légalité, elle seule a la légitimité du pouvoir : c'est le succès de la « démocratie sécuritaire » au Mali, en Guinée, au Burkina Faso, et depuis peu au Niger. Elle s'accompagne nécessairement de la politique du bouc émissaire, opposant naïvement le Bien au Mal : en se débarrassant de la France, qui chercherait à perpétuer son emprise, et des dirigeants élus, perçus comme ses complices, les États d'Afrique aux ordres de l'armée pensent ainsi recouvrer leur souveraineté, c'est-à-dire leur indépendance à agir et à régler leurs si grandes difficultés. Les nouveaux hommes forts en uniforme sont persuadés de réussir là où leurs prédécesseurs, les organisations régionales (la Cédéao et l'Union africaine) et internationales (l'Organisation des Nations unies et l'Union européenne) ont partiellement manqué leur but. Séduits par la promesse de rester au pouvoir grâce au soutien du groupe Wagner, les officiers acceptent des compromissions, appuient les manifestations conduites en sous-main par la Russie contre la France. Les relations diplomatiques entre Paris et Bamako sont catastrophiques : l'ambassadeur de France est expulsé du Mali le 31 janvier 2022 ; le 17 février suivant, les soldats français commencent à se retirer du territoire et ferment leur dernière base six mois plus tard. Des provocations persistent ; le 10 août 2023, les deux pays suspendent la délivrance de visas. L'ambassade de France au Burkina Faso est elle aussi attaquée à coups de pierres en octobre et en novembre 2022. Au Niger, une manifestation semblable a lieu le 30 juillet 2023 et une autre se déroule le 11 août près d'une base de l'armée française. Les régimes militaires se maintiennent donc par l'efficacité de leur stratégie de diabolisation, mais aussi par le soutien qu'ils s'apportent, l'union faisant la force.

Le coup d'État au Niger contre le Président Mohamed Bazoum aura permis aux juntes du Sahel et de Guinée de se rapprocher davantage. Le 7 août 2023, soit onze jours après l'arrestation du président de la République, une délégation commune au Mali et au Burkina Faso se rend à Niamey pour soutenir les nouveaux chefs du pays. Le site *Africa Intelligence* indique même que des officiers nigériens ont rencontré le ministre malien de la Défense et des Anciens Combattants, Sadio Camara, quelques jours avant leur putsch. Le 12 août, le Président Mamadi Doumbouya les reçoit à Conakry. RFI rapporte la bonne entente entre les participants : à l'issue de l'entrevue, le général nigérien

Moussa Salao Barmou fait remarquer « *la solidarité de la Guinée vis-à-vis du Niger* ». Entre les autres juntes aussi les relations sont au beau fixe : en septembre 2022, Assimi Goïta invitait son homologue guinéen pour la fête nationale ; et, de façon moins anecdotique, rappelons la proposition, le 3 février 2023, du Premier ministre burkinabè d'unir dans une fédération son pays et le Mali. Ces régimes militaires n'ont pas d'autre choix que de s'aider. La pression qu'ils exercent contre les organisations internationales n'en est que plus forte, les stabilise et leur permet de durer. Elle ne les prémunit pas de leurs propres contradictions et de leur hypocrisie. Les juntes ont beau se présenter au monde avec tous les atours de la vertu, elles n'en sont pas moins corrompues, plus encore même que les Présidents qu'elles ont destitués, et sont prêtes à transgresser les principes motivant leur sédition. En 2022, au Burkina Faso, on aura ainsi vu un militaire en chasser un autre du palais de Kosyam, alors que les deux officiers, Paul-Henri Damiba, éphémère chef de l'État (entre janvier et septembre) et Ibrahim Traoré, son successeur, œuvraient au sein du même Mouvement patriotique pour la sauvegarde et la restauration quelques moins plus tôt. Le second justifiait alors sa rébellion au nom de l'argument sécuritaire, déjà utilisé lors du coup contre le Président Roch-Marc Christian Kaboré. La politique de l'armée au pouvoir se limitant à la lutte contre l'insécurité, elle risque de mécontenter le peuple et les opposants les plus courageux. Au Mali, par exemple, Choguel Maïga a rappelé la nécessité de s'occuper de l'économie, mais il faut aussi traiter le problème migratoire… La conduite d'un pays ne se fait pas seulement les armes à la main ! Quoi qu'il en soit, on peut malheureusement estimer que ces dictatures ont de beaux jours devant elles, les différentes organisations qui pourraient les réduire étant d'une piètre efficacité.

Comme l'écrit le chercheur Jean-Pierre Olivier de Sardan dans *Jeune Afrique*, le 29 juillet 2023, « *les multiples injonctions démocratiques occidentales* […] *ont abouti à l'effet inverse de ce qu'elles recherchaient* […] *: elles ont discrédité encore un peu plus le système démocratique* ». Les demandes insistantes de la Cédéao ont eu le même effet et sa faiblesse a crû. Faiblesse qui s'explique aussi par l'hypocrisie de certains des États membres de l'organisation qui exigent la démocratie chez leurs voisins, mais la rejettent chez eux, et par la réaction différente à l'égard des quatre coups d'État les plus récents en Afrique : après la chute d'Ibrahim Boubacar Keïta, au Mali ; après la destitution d'Alpha Condé, en Guinée ; après l'éviction de Roch-Marc Christian Kaboré, au Burkina Faso, la Cédéao n'a pas menacé les putschistes d'une intervention militaire pour rétablir les Présidents écartés, comme elle a cherché à intimider leurs semblables Nigériens. Manquant de fermeté, d'autorité, incapable de faire appliquer ses exigences, la Cédéao s'est plus d'une fois fait ridiculiser par tel ou tel « *Comité national* » rebelle. Récemment encore, en juin 2022, la junte malienne la prenait de court, n'attendant pas la fin des discussions avec elle au sujet du respect de son « *chronogramme* » pour déclarer que la Transition durerait plus que prévu. Les sanctions qu'elle prend sont faibles : « *sanctions progressives* » contre les rebelles guinéens ; sanctions tout juste symboliques : à chaque fois les États récalcitrants sont suspendus. En général, les actions de la Cédéao se limitent à hausser la voix et à donner des coups de menton. En effet, les désaccords entre les organisations internationales aussi contribuent indirectement au durcissement des régimes militaires. *Africa Intelligence*, encore, rapporte les démarches secrètes du Président togolais quant à la libération de Mohamed Bazoum, au grand dam du Président de la Cédéao. De plus, la menace d'une intervention militaire contre les putschistes nigériens serait en passe d'échouer par manque de consensus entre les États membres de l'organisation, de moins en moins convaincus du retour possible à l'ordre constitutionnel, les États-Unis cherchant plutôt à conserver leurs avantages sur le terrain en matière militaire.

Conclusion

Le régime de Transition se durcit mais ne propose aucun projet politique et institutionnel d'envergure non pas pour refonder un État, mais pour le fonder bel et bien.

Dans le fauteuil présidentiel, un officier de l'armée n'a pas sa place. Assimi Goïta est en train de vendre les richesses du Mali à une puissance étrangère, la Russie, qui s'implante grâce aux paramilitaires du groupe Wagner et perd ainsi le peu de souveraineté qui lui restait.

Ses choix font que le Mali est maintenant rejeté par l'essentiel de la communauté internationale et que les puissances qui l'aidaient à sécuriser son territoire le quittent peu à peu : les derniers soldats français ont laissé leurs dernières positions le 15 août 2022 et la Minusma a commencé à faire de même le 1er juillet 2023. Les islamistes, qui détiennent 80 % du territoire, devraient donc gagner du terrain les mois à venir. Par ailleurs, les tensions entre Maliens augmentent : l'Accord d'Alger n'est toujours pas appliqué et, le 11 août 2023, la Coordination des mouvements de l'Azawad, victime d'une attaque, à Ber, désigne Bamako et Wagner coupables de cette agression. Sous la IVe République, rien ne change de ce point de vue, tout empire. Les choix du régime de Transition participant de son durcissement ne peuvent pas tenir longtemps.

La remarque de Choguel Maïga concernant la préoccupation exclusive du régime pour la sécurité doit être prise en compte : négliger l'économie est une erreur. Une erreur qui s'ajoute à des erreurs nombreuses depuis le premier coup d'État et que la junte risque de payer en se prenant à son propre piège : dans la nouvelle Constitution, l'article 186 dispose que le « *Peuple a le droit à la désobéissance civile pour la préservation de la forme républicaine de l'État* »… Au Burkina Faso, un capitaine a renversé un lieutenant-colonel putschiste.

Ce rappel, dans la perspective de l'élection présidentielle, doit alerter, d'autant plus que, entre fin juillet 2023 et février 2024, des élections législatives et sénatoriales sont censées se tenir. Un peu plus de désordre est possible, surtout au vu du maquis normatif à valeur constitutionnelle : désormais, ni le pouvoir législatif, ni le pouvoir exécutif, ni le pouvoir législatif n'ont de titulaire clair. Assimi Goïta est le président de la Transition et, de fait, celui de la République ; le CNT est l'organe législatif, mais n'est pas assimilable totalement à l'Assemblée nationale, donc ses membres n'en ont pas toutes les prérogatives ; quant aux activités de la Haute Cour de justice, chargée de juger le Président, elles ont pris fin, suivant l'article 190. Personne ne peut plus demander de comptes ni à Assimi Goïta ni à ses ministres.

Chronologie

Les grandes périodes de l'histoire du régime de Transition

18 août 2020 – 28 mai 2021 Mise en place du régime militaire.

29 mai 2021 – 23 juin 2022 La junte organise son maintien à la tête du Mali. Assimi Goïta accède à la présidence de la Transition, Choguel Maïga est nommé Premier ministre. Période des Assemblées nationales de la refondation et premières applications de ses conclusions par lesquelles le régime pourra perdurer.

24 juin 2022 – 23 juillet 2023 Le régime militaire se durcit : grâce à la loi électorale, les membres de la junte peuvent, à certaines conditions, présenter leur candidature à la présidentielle dans le cadre de la IVe République adoptée et promulguée.

Événements politiques marquants au Mali, en Guinée, au Burkina Faso et au Niger

23 janvier 2022 Coup d'État au Burkina Faso. Le lieutenant-colonel Damiba renverse le Président Kaboré.

17 février 2022 La France commence à se retirer militairement du Mali.

26 mai 2022 L'imam Dicko critique l'« *arrogance* » de la junte.

11 juin 2022 Création d'une commission de rédaction chargée d'élaborer un avant-projet de loi portant constitution de la République du Mali.

6 juin 2022 La junte prolonge la durée de la Transition de vingt-quatre mois à partir du 26 mars 2022, et publie un nouveau « *chronogramme* ». La Cédéao est prise au dépourvu.

24 juin 2022 Loi électorale autorisant, à certaines conditions, la candidature des colonels à l'élection présidentielle (article 155).

10 juillet 2022 Incarcération de quarante-six soldats ivoiriens accusés de crimes contre l'État malien.

15 août 2022 La France ferme sa dernière base militaire au Mali.

30 septembre 2022 Coup d'État au Burkina Faso. Le capitaine Traoré renverse le lieutenant-colonel Damiba.

11 octobre 2022 Avec deux mois de retard, remise d'un avant-projet de Constitution au président de la Transition.

12 octobre 2022 Nomination des membres de l'Autorité indépendante de gestion des élections (Aige).

Octobre et novembre 2022 Des pierres sont jetées contre l'ambassade de France au Burkina Faso.

21 août – 5 décembre 2022 Le colonel Abdoulaye Maïga est Premier ministre par intérim.

5 décembre 2022 Abdoulaye Maïga est nommé ministre d'État.

15 décembre 2022 Le cheikh Chérif Ousmane Madani Haïdara critique la junte.

19 décembre 2022 Création d'une commission chargée de la finalisation du projet de Constitution de la République du Mali.

6 janvier 2023 Grâce présidentielle accordée aux soldats ivoiriens.

14 janvier 2023 Célébration de la journée de la « souveraineté retrouvée ».

23 janvier 2023 Report des élections législatives.

3 février 2023 Le Premier ministre burkinabè propose la création d'une fédération unissant son pays et le Mali.

10 mars 2023 Annonce du report *sine die* du référendum constitutionnel d'abord prévu le 19 mars.

13 mars 2023 Remise du projet de Constitution au président de la Transition.

5 mai 2023 Un décret annoncer la tenue du référendum le 18 juin suivant.

18 juin 2023 Référendum sur le projet de Constitution de la IVe République.

22 juin 2023 La junte retire son passeport à l'imam Dicko.

1er juillet 2023 Remaniement ministériel. Choguel Maïga reste Premier ministre, mais ses soutiens sont remplacés par des alliés de l'armée. La Minusma commence à quitter le Mali.

18 juillet 2023 Choguel Maïga critique les fondements de la politique de la junte.

21 juillet 2023 Proclamation officielle des résultats définitifs du référendum constitutionnel.

22 juillet 2023 Promulgation de la Constitution de la IVe République.

23 juillet 2023 Premiers déplacements du président de la Transition sous la IVe République.

26 juillet 2023 Coup d'État militaire au Niger. Le général Abdourahamane Tchiani prend le pouvoir. Le Président, Mohamed Bazoum, est séquestré avec sa famille. Peu après, la Cédéao menace les putschistes d'une intervention militaire. La Guinée s'oppose à elle.

30 juillet 2023 Manifestation devant l'ambassade de France au Niger.

7 août 2023 Une délégation malienne et burkinabè se rend à Niamey pour soutenir les putschistes nigériens.

8 août 2023 Réunion entre le ministre de l'Administration territoriale et de la Décentralisation et 291 partis politiques. Une prolongation de la Transition est envisagée.

10 août 2023 Les émissaires de la CAM sont priés par leurs autorités de quitter Bamako, leur sécurité n'étant pas assurée.

11 août 2023 Manifestation près d'une base militaire française à Niamey. À Ber, les forces armées maliennes et le groupe Wagner auraient attaqué une zone dépendant de la CAM.

12 août 2023 Le chef de la junte guinéenne réitère son soutien aux putschistes nigériens.

Février 2024 Tenue de l'élection présidentielle, d'après le « *chronogramme* » de juin 2022.

ANNEXE

Le décret promulguant la Constitution de la IVe République

DÉCRET N° 2023-0401/PT-RM DU 22 JUILLET 2023 PORTANT PROMULGATION DE LA CONSTITUTION

Vu la Charte de la Transition ;

Vu la Loi n° 2022-001 du 25 février 2022 portant révision de la Charte de la Transition ;

Vu l'Arrêt n° 2023-08/CC-Réf du 21 juillet 2023 portant proclamation des résultats définitifs du référendum constitutionnel (scrutin du 18 juin 2023) ;

Considérant les conclusions des Assises nationales de la Refondation de l'Etat du 30 décembre 2021,

Le Président de la Transition, Chef de l'Etat, promulgue la Constitution dont la teneur suit :

PRÉAMBULE :

Le Peuple souverain du Mali,

Riche de sa diversité culturelle, linguistique et religieuse ;

Fier de son histoire millénaire et de ses ancêtres ;

Héritier de grands empires et royaumes bâtis sur des valeurs socioculturelles endogènes devant inspirer les générations présentes et futures ;

Fidèle aux idéaux des martyrs du colonialisme, des pères de l'indépendance et de tous ceux qui sont tombés au champ d'honneur pour la défense de la Patrie, l'avènement d'un Etat de droit, de démocratie pluraliste et pour une bonne gouvernance ;

Considérant la crise multidimensionnelle récurrente qui affecte l'Etat et la société ;

Considérant que la corruption et l'enrichissement illicite compromettent les efforts de développement du pays ;

Convaincu de la nécessité de promouvoir le vivre-ensemble et la réconciliation nationale dans le respect des identités et de la diversité culturelle ;

Soucieux de garantir la défense et la sécurité indispensables à l'existence d'un Etat souverain ;

Résolu à valoriser le patrimoine culturel, matériel et immatériel et à préserver les ressources naturelles du territoire pour les générations présentes et futures ;

Décidé à promouvoir le bien-être social ;

Affirme sa volonté de renforcer les acquis démocratiques de la révolution du 26 mars 1991 et de promouvoir les idéaux de la refondation portés par le Peuple malien ;

S'engage à défendre la souveraineté, l'unité nationale et l'intégrité du territoire ; Réaffirme son attachement à la forme républicaine et à la laïcité de l'Etat ;

S'engage à entreprendre toutes actions nécessaires pour lutter contre la corruption et l'enrichissement illicite et promouvoir la bonne gouvernance ;

S'engage à assurer l'amélioration de la qualité de la vie et la protection de l'environnement ;

Souscrit à la Déclaration universelle des droits de l'Homme du 10 décembre 1948 et à la Charte africaine des droits de l'Homme et des peuples du 27 juin 1981 ;

S'engage à garantir le respect des droits humains, en particulier ceux de la femme, de l'enfant et de la personne vivant avec un handicap, consacrés par les traités et accords sous-régionaux, régionaux et internationaux signés et ratifiés par le Mali ;

S'engage à lutter contre toutes les formes de violences ;

Réaffirme son attachement à la réalisation de l'unité africaine, à la promotion de la paix, de la coopération sous-régionale, régionale et internationale, au règlement pacifique des différends entre États dans le respect de la justice, de l'égalité, de la liberté et de la souveraineté des peuples ;

Adopte la présente Constitution dont le préambule fait partie intégrante :

TITRE I : DES DROITS ET DES DEVOIRS

CHAPITRE I : DES DROITS ET DES LIBERTÉS

Article 1 : Tous les Maliens naissent et demeurent libres et égaux en droits et en devoirs. Toute discrimination fondée sur l'origine sociale, la région, la couleur, la langue, la race, l'ethnie, le sexe, la religion ou l'opinion politique est prohibée.

Article 2 : La personne humaine est sacrée et inviolable. Tout individu a droit à la vie, à la liberté, à la sécurité et à l'intégrité de sa personne.

Article 3 : L'Etat assure la protection de l'enfant contre le trafic de personnes et les infractions assimilées et contre l'enrôlement dans les groupes extrémistes violents.

Article 4 : Nul ne peut être soumis à la torture, à l'esclavage, aux traitements inhumains, cruels et dégradants.

Tout individu, tout agent de l'Etat qui se rend coupable de tels actes, soit de sa propre initiative, soit sur instruction, sera puni conformément à la loi.

Article 5 : Nul ne peut être contraint à l'exil.

Toute personne persécutée en raison de ses convictions politiques ou religieuses, de son appartenance ethnique, peut bénéficier du droit d'asile en République du Mali.

Article 6 : Toute personne faisant l'objet d'une mesure privative de liberté a le droit de se faire examiner par un médecin de son choix.

Nul ne peut être détenu pendant une durée supérieure à quarante-huit heures que par décision motivée d'un magistrat de l'ordre judiciaire.

Nul ne peut être détenu dans un établissement pénitentiaire que sur mandat délivré par un magistrat de l'ordre judiciaire.

Article 7 : Toute personne a droit à un procès équitable et à un jugement rendu dans un délai raisonnable.

Le droit à la défense, y compris celui de se faire assister par l'avocat de son choix, est garanti depuis l'enquête préliminaire.

Tout prévenu est présumé innocent jusqu'à ce que sa culpabilité soit établie par la juridiction compétente.

La peine est personnelle. Nul ne peut être poursuivi, arrêté ou inculpé qu'en vertu d'une loi promulguée antérieurement aux faits qui lui sont reprochés.

Article 8 : Tout ce qui n'est pas interdit par la loi ne peut être empêché et nul ne peut être contraint de faire ce qu'elle n'ordonne pas.

Article 9 : Le mariage et la famille, qui constituent le fondement naturel de la vie en société, sont protégés et promus par l'Etat.

Le mariage est l'union entre un homme et une femme.

Article 10 : L'éducation, la formation, le travail, le logement, les loisirs, la santé, la protection sociale, l'alimentation et l'accès à l'eau constituent des droits reconnus.

Article 11 : Tout citoyen a droit à l'instruction. L'enseignement public est obligatoire, gratuit et laïc. L'enseignement privé est reconnu et s'exerce dans les conditions définies par la loi.

Article 12 : Le domicile, le domaine privé, la vie privée et familiale, les données à caractère personnel, le secret de la correspondance et des communications sont inviolables. Il ne peut y être porté atteinte que dans les conditions prévues par la loi.

Article 13 : Le droit de propriété est garanti. Nul ne peut être exproprié que pour cause d'utilité publique et contre une juste et préalable indemnisation.

Article 14 : Toute personne a droit à la liberté de pensée, de conscience, de religion, de culte, d'opinion et d'expression, dans le respect de la loi.

Article 15 : La liberté de presse et le droit d'accès à l'information sont reconnus et garantis. Ils s'exercent dans les conditions déterminées par la loi.

Article 16 : La liberté de création artistique et culturelle est reconnue et garantie. Elle s'exerce dans les conditions fixées par la loi.

Article 17 : L'Etat reconnaît et garantit, dans les conditions fixées par la loi, la liberté d'aller et venir, le libre choix de la résidence, la liberté d'association, de réunion, de cortège et de manifestation.

Article 18 : Le droit au travail et au repos est reconnu et est égal pour tous.

Nul ne peut être contraint à un travail déterminé que dans le cas de l'accomplissement d'un service exceptionnel d'intérêt général, égal pour tous, dans les conditions déterminées par la loi.

Article 19 : La liberté syndicale est garantie. Les syndicats exercent leurs activités sans contrainte et sans limites autres que celles prévues par la loi.

Article 20 : Le droit de grève est garanti. Il s'exerce dans le cadre des lois et règlements en vigueur.

Article 21 : La liberté d'entreprise est garantie dans le cadre des lois et règlements en vigueur.

Article 22 : Toute personne a droit à un environnement sain et durable.

CHAPITRE II : DES DEVOIRS

Article 23 : Tout citoyen, toute personne habitant le territoire malien a le devoir de respecter, en toutes circonstances, la Constitution.

Article 24 : La défense de la Patrie est un devoir pour tout citoyen.

Tous les citoyens âgés de 18 ans au moins peuvent être mobilisés aux côtés des Forces armées et de sécurité pour la défense de la Patrie.

Article 25 : La protection de l'environnement et la promotion de la qualité de la vie sont un devoir pour tout citoyen et pour l'Etat.

Article 26 : En cas de calamité constatée, tous les citoyens ont le devoir d'apporter leur concours dans les conditions définies par la loi.

Article 27 : Tout citoyen est tenu de remplir ses devoirs civiques, notamment de s'acquitter de ses obligations fiscales.

Article 28 : Tout citoyen a le devoir d'œuvrer pour le bien commun, de respecter et de protéger le bien public.

Article 29 : Tout citoyen investi d'un mandat public ou chargé d'un emploi public ou d'une mission de service public a le devoir de l'accomplir avec conscience, loyauté et probité.

TITRE II : DE L'ÉTAT ET DE LA SOUVERAINETÉ

CHAPITRE I : DE L'ÉTAT

Article 30 : Le Mali est une République indépendante, souveraine, unitaire, indivisible, démocratique, laïque et sociale.

Son principe est le gouvernement du Peuple, par le Peuple et pour le Peuple.

La capitale de la République du Mali est Bamako. Elle peut être transférée en tout autre lieu du territoire national par une loi.

L'emblème national est le drapeau tricolore composé de trois bandes verticales et égales de couleurs vert, or et rouge.

La devise de la République est : « Un Peuple - Un But – Une Foi ». L'hymne national est : « Le Mali ».

La loi détermine le sceau et les armoiries de la République et fixe les conditions et modalités de leur utilisation.

Tout usage illégal et toute profanation des attributs de la République sont punis par la loi.

Article 31 : Les langues nationales sont les langues officielles du Mali. Une loi organique détermine les conditions et les modalités de leur emploi. Le français est la langue de travail.

L'Etat peut adopter toute autre langue comme langue de travail.

Article 32 : La laïcité ne s'oppose pas à la religion et aux croyances. Elle a pour objectif de promouvoir et conforter le vivre-ensemble fondé sur la tolérance, le dialogue et la compréhension mutuelle.

L'Etat garantit le respect de toutes les religions, des croyances, la liberté de conscience et le libre exercice des cultes dans le respect de la loi.

Article 33 : La République sociale repose sur les principes de solidarité, d'égalité, de justice, de protection et d'intégration. L'Etat prend les mesures nécessaires à l'effet d'assurer leur mise en œuvre.

Article 34 : L'action publique est guidée par les principes fondés sur le respect de la souveraineté de l'Etat, les choix souverains du Peuple et la défense de ses intérêts.

Article 35 : Aucune autorité publique ne peut, sous peine de sanctions, user des pouvoirs qu'elle tient de la Constitution ou de la loi pour commettre un détournement de ressources ou de biens publics à son profit ou à celui des détenteurs du pouvoir, des membres de leurs familles, d'organismes, ou de toutes autres personnes par favoritisme, corruption, concussion, trafic d'influence ou autres moyens.

Article 36 : Les institutions de la République sont :

– le Président de la République ;

– le Gouvernement ;
– le Parlement ;
– la Cour suprême ;
– la Cour constitutionnelle ;
– la Cour des comptes ;
– le Conseil économique, social, environnemental et culturel.

CHAPITRE II : DE LA SOUVERAINETÉ

Article 37 : La souveraineté nationale appartient au Peuple qui l'exerce par ses représentants élus au suffrage universel direct ou indirect ou par voie de référendum.

Aucune fraction du Peuple, ni aucun individu ne peut s'en attribuer l'exercice.

Article 38 : Le suffrage est universel, égal et secret. Il peut être direct ou indirect.

Sont électeurs, dans les conditions déterminées par la loi, les citoyens maliens des deux sexes en âge de voter et jouissant de leurs droits civils et politiques.

Article 39 : Les partis politiques concourent à l'expression du suffrage. Ils se forment et exercent librement leurs activités dans les conditions déterminées par la loi.

Ils doivent respecter les principes de la souveraineté nationale, de la démocratie, de l'intégrité du territoire national, de l'unité nationale et de la laïcité de l'Etat.

Article 40 : Les organisations de la société civile exercent, dans le cadre de la démocratie participative, une mission de veille citoyenne dans les conditions déterminées par la loi.

Article 41 : L'Etat exerce sa souveraineté sur l'ensemble du territoire national.

L'Etat ne peut céder aucune parcelle du territoire national, ni renoncer à aucun des droits souverains qu'il exerce sur celui-ci.

Toute atteinte à l'intégrité du territoire national est un crime contre la sûreté de l'Etat.

Article 42 : L'Etat dispose du droit souverain sur les richesses et les ressources naturelles situées sur son territoire.

L'exploitation de ces richesses et ressources naturelles doit être assurée dans le respect des règles de protection de l'environnement et dans l'intérêt des générations présentes et futures.

TITRE III : DU POUVOIR EXÉCUTIF

CHAPITRE I : DU PRÉSIDENT DE LA RÉPUBLIQUE

Article 43 : Le Président de la République est le Chef de l'Etat. Il est le gardien de la Constitution. Il incarne l'unité nationale. Il est le garant de l'indépendance nationale, de l'intégrité du territoire, du respect des traités et accords internationaux. Il veille au fonctionnement régulier des pouvoirs publics et assure la continuité de l'Etat.

Article 44 : Le Président de la République détermine la politique de la Nation.

Article 45 : Le Président de la République est élu pour un mandat de cinq ans, au suffrage universel direct. Il n'est rééligible qu'une seule fois.

En aucun cas, nul ne peut exercer plus de deux mandats de Président de la République.

Article 46 : Tout candidat aux fonctions de Président de la République doit être de nationalité malienne d'origine et ne posséder aucune autre nationalité à la date de dépôt de la candidature.

Il doit jouir de tous ses droits civils et politiques, être de bonne moralité et de grande probité.

Il doit être âgé de 35 ans au moins et de 75 ans au plus à la date de dépôt de la candidature et être apte à exercer la fonction.

Article 47 : L'élection du nouveau Président de la République a lieu quarante-cinq jours au moins et soixante jours au plus avant l'expiration du mandat du Président en exercice.

Article 48 : Le Président de la République est élu à la majorité absolue des suffrages exprimés.

Si celle-ci n'est pas obtenue au premier tour, il est procédé à l'organisation d'un second tour le troisième dimanche qui suit la proclamation des résultats du premier tour par la Cour constitutionnelle.

Si, dans les sept jours qui précèdent la date du scrutin du premier tour, un des candidats décède ou se trouve empêché, la Cour constitutionnelle peut prononcer le report de l'élection sans que ce report puisse excéder quinze jours.

Le second tour est ouvert aux deux candidats ayant réuni le plus grand nombre de suffrages au premier tour de scrutin.

Est déclaré élu, le candidat qui a recueilli le plus grand nombre de voix.

En cas de décès, de désistement ou d'empêchement de l'un des deux candidats qualifiés pour le second tour, le scrutin reste ouvert au candidat suivant dans l'ordre des suffrages exprimés.

Si, entre les deux tours, un des candidats décède ou est empêché, la Cour constitutionnelle peut prononcer le report de l'élection sans que ce report puisse excéder quinze jours.

Article 49 : Le contrôle de la régularité de l'élection du Président de la République est assuré par la Cour constitutionnelle qui statue sur les réclamations et proclame les résultats définitifs du scrutin.

Article 50 : La loi complète les dispositions relatives à l'élection du Président de la République.

Article 51 : Les fonctions de Président de la République sont incompatibles avec l'exercice de toute autre fonction politique, de tout autre mandat électif, de tout emploi public et de toute autre activité professionnelle et lucrative.

Article 52 : Durant son mandat, le Président de la République ne peut, ni par lui-même, ni par autrui, rien acquérir ou prendre en bail qui appartienne au domaine de l'Etat. Il ne peut prendre part, ni par lui-même, ni par autrui, aux marchés publics et privés pour les administrations ou institutions relevant de l'Etat ou soumises à leur contrôle.

Article 53 : Lorsque le Président de la République est empêché de façon temporaire de remplir ses fonctions, ses pouvoirs sont provisoirement exercés par le Premier ministre.

En cas de vacance de la Présidence de la République pour quelque cause que ce soit ou d'empêchement absolu ou définitif constaté par la Cour constitutionnelle saisie par le Président de l'Assemblée nationale, le Président du Sénat et le Premier ministre, les fonctions du Président de la République sont exercées par le Président de l'Assemblée nationale. En cas d'empêchement, de désistement ou de décès de celui-ci, elles sont exercées par le Président du Sénat.

L'élection du nouveau Président de la République a lieu quatre-vingt-dix jours au moins et cent vingt jours au plus après constatation de la vacance ou du caractère absolu et définitif de l'empêchement.

La personnalité assurant l'intérim du Président de la République ne peut être candidat à ladite élection. Dans tous les cas de vacance, le remplaçant ne peut faire application des articles 57, 60, 69, 70 et 184 de la présente Constitution.

Article 54 : Le Président élu entre en fonction à l'expiration du mandat du Président en exercice.

Article 55 : Avant d'entrer en fonction, le Président de la République prête, devant la Cour constitutionnelle, en audience solennelle, le serment suivant :

« Je jure, devant Dieu et le Peuple souverain du Mali, de respecter et de faire respecter la Constitution et les lois, de préserver le régime républicain, de remplir mes fonctions dans l'intérêt supérieur de la Nation, de préserver les droits et les libertés de la personne, les acquis démocratiques et les biens publics, de garantir l'unité nationale, l'indépendance de la Patrie et l'intégrité du territoire national, de me conduire partout en fidèle et loyal serviteur de la Nation et de mettre tout en œuvre pour la réalisation de l'unité africaine.

En cas de violation de ce serment, que le Peuple me retire sa confiance et que je subisse la rigueur de la loi ».

Article 56 : Après la cérémonie d'investiture et dans un délai de sept jours, le Président de la République remet la déclaration écrite de ses biens au Président de la Cour des comptes. Cette déclaration fait l'objet d'une mise à jour annuelle et à la cessation des fonctions.

Le Président de la Cour des comptes informe l'opinion nationale de l'accomplissement de la formalité de la déclaration et des mises à jour.

Article 57 : Le Président de la République nomme le Premier ministre et met fin à ses fonctions.

Il nomme les autres membres du Gouvernement après consultation du Premier ministre et met fin à leurs fonctions.

Article 58 : Le Président de la République préside le Conseil des ministres. Le Premier ministre le supplée sur son autorisation et sur un ordre du jour déterminé.

Article 59 : Le Président de la République promulgue les lois dans les quinze jours qui suivent la transmission, au Gouvernement, du texte définitivement adopté.

En cas d'urgence, le délai de promulgation peut être ramené à huit jours.

Il peut, avant l'expiration de ce délai, demander au Parlement une nouvelle délibération de la loi ou de certains de ses articles.

Cette nouvelle délibération ne peut être refusée et suspend le délai de promulgation.

Article 60 : Le Président de la République, sur son initiative ou sur proposition conjointe des deux chambres du Parlement, après avis de la Cour constitutionnelle publié au Journal officiel, peut soumettre, au référendum, toute question d'intérêt national, tout projet de loi portant sur l'organisation des pouvoirs publics, l'approbation d'un accord d'union ou l'autorisation de ratification d'un traité qui, sans être contraire à la Constitution, aurait des incidences sur le fonctionnement des institutions.

Lorsque le référendum a conclu à l'adoption du projet, le Président de la République le promulgue dans les délais prévus à l'article 59.

Article 61 : Une fois par an, dans le courant du premier trimestre, le Président de la République prononce, devant le Parlement réuni en Congrès, un discours sur l'état de la Nation.

Article 62 : Le Président de la République communique avec l'Assemblée nationale et le Sénat par des messages qu'il fait lire par le Président de l'Assemblée nationale et par le Président du Sénat. Hors session, l'Assemblée nationale et le Sénat se réunissent spécialement à cet effet.

Article 63 : Le Président de la République est le Chef suprême des Forces armées et de sécurité. Il préside le Conseil de sécurité nationale et le Comité de défense nationale.

Le Président de la République ordonne la mobilisation générale et détermine les modalités de participation des citoyens à la défense de la Patrie lorsque la situation sécuritaire l'exige.

Article 64 : Le Président de la République est le Président du Conseil supérieur de la magistrature.

Article 65 : Le Président de la République exerce le droit de grâce. Il propose les lois d'amnistie.

Article 66 : Le Président de la République signe les ordonnances et les décrets pris en Conseil des ministres.

Article 67 : Le Président de la République nomme aux emplois civils et militaires supérieurs déterminés par la loi.

Le Grand Chancelier des Ordres nationaux, les officiers généraux, les ambassadeurs et envoyés spéciaux, les Gouverneurs de région, les directeurs des administrations centrales sont nommés par décret pris en Conseil des ministres.

Les nominations doivent reposer principalement sur des critères de compétence, d'expérience et de probité.

Article 68 : Le Président de la République accrédite les Ambassadeurs et les Envoyés spéciaux auprès des États étrangers et des Organisations internationales.

Les Ambassadeurs et les Envoyés spéciaux étrangers sont accrédités auprès de lui.

Article 69 : Le Président de la République peut, après consultation des Présidents des deux chambres et du Président de la Cour constitutionnelle, prononcer la dissolution de l'Assemblée nationale.

Aucune dissolution ne peut être prononcée dans les douze premiers mois de la législature ou lorsqu'une motion de destitution est déclarée recevable.

Les élections générales ont lieu soixante jours au moins et cent-vingt jours au plus après la dissolution. Il ne peut être procédé à une nouvelle dissolution dans l'année qui suit ces élections.

À l'expiration du délai fixé au troisième alinéa du présent article, si les élections législatives ne sont pas organisées, l'Assemblée nationale dissoute est rétablie dans ses fonctions.

Article 70 : Lorsque les institutions de la République, l'indépendance de la Nation, l'intégrité du territoire national, l'exécution des engagements internationaux sont menacées d'une manière grave et immédiate et que le fonctionnement régulier des pouvoirs publics constitutionnels est interrompu, le Président de la République prend les mesures exceptionnelles exigées par ces circonstances après consultation du Premier ministre, des Présidents de l'Assemblée nationale, du Sénat et de la Cour constitutionnelle.

Il en informe la Nation par un message. Le Parlement se réunit de plein droit.

L'application de ces pouvoirs exceptionnels par le Président de la République ne doit, en aucun cas, compromettre ni la souveraineté nationale ni l'intégrité territoriale.

Les pouvoirs exceptionnels doivent viser à assurer la continuité de l'Etat et le rétablissement, dans les plus brefs délais, du fonctionnement régulier des institutions, conformément à la Constitution.

Durant l'exercice des pouvoirs exceptionnels, aucune institution de la République ne peut être dissoute ou suspendue.

Les mesures de nature législative prises pendant l'exercice des pouvoirs exceptionnels deviennent caduques si elles ne sont pas ratifiées par le Parlement dans un délai de quatre-vingt-dix jours après leur entrée en vigueur.

Article 71 : Le Président de la République peut déléguer certains de ses pouvoirs au Premier ministre.

Les actes du Président de la République, autres que ceux prévus aux articles 57, 60, 65, 69 et 70 ainsi qu'à l'alinéa premier du présent article, sont contresignés par le Premier ministre et, le cas échéant, par les ministres concernés.

Article 72 : La loi fixe les avantages accordés au Président de la République et aux anciens Présidents de la République jouissant de leurs droits civiques.

Article 73 : La responsabilité du Président de la République peut être engagée pour des faits qualifiés de haute trahison.

Il peut être destitué par le Parlement pour haute trahison.

Il y a haute trahison lorsque le Président de la République viole son serment.

La motion de destitution est initiée par les membres de l'une ou l'autre chambre du Parlement. Elle n'est recevable que si elle est signée par au moins les deux tiers des membres.

La chambre concernée saisit la commission compétente qui procède à toutes investigations et auditions nécessaires à l'issue desquelles celle-ci apprécie, s'il y a lieu ou non, à poursuivre la procédure.

Si la commission décide qu'il n'y a pas lieu de poursuivre, il est mis fin à la procédure de destitution.

Si la commission décide qu'il y a lieu à poursuivre, elle dresse l'acte d'accusation motivé qui est soumis au vote de la chambre à la majorité simple des membres.

En cas d'adoption de l'acte d'accusation, l'autre chambre est saisie dans un délai de huit jours et doit se prononcer en termes identiques dans un délai de quinze jours. Si l'acte d'accusation n'est pas adopté, il est mis fin à la procédure de destitution.

La mise en accusation par les deux chambres entraîne, de plein droit, la levée de toute immunité du Président de la République.

Les deux chambres du Parlement se réunissent en Congrès *ad hoc* pour statuer sur la destitution du Président de la République. La destitution est prononcée à la majorité des trois quarts des membres.

Seuls sont recensés les votes favorables à la destitution.

Les sessions du Congrès *ad hoc* sont présidées par le Président de la Cour suprême.

Le Président de la République dispose des droits de la défense. Il peut se faire assister par le conseil de son choix, à toutes les étapes de la procédure.

Une loi organique détermine les modalités d'application du présent article.

Article 74 : Le Président de la République est pénalement responsable, devant les juridictions de droit commun, des crimes et délits commis en dehors de l'exercice de ses fonctions.

Toutefois, il ne peut être requis de témoigner, ni faire l'objet d'une action, d'un acte d'information, d'instruction ou de poursuite jusqu'à la fin de son mandat. Tout délai de prescription ou de forclusion est suspendu.

Les instances et procédures auxquelles il est fait obstacle peuvent être reprises ou engagées contre lui un mois après la cessation des fonctions.

CHAPITRE II : DU GOUVERNEMENT

Article 75 : Le Gouvernement comprend le Premier ministre, Chef du Gouvernement, et les ministres. Une loi organique fixe le nombre des membres du Gouvernement.

Article 76 : Le Gouvernement conduit la politique de la Nation déterminée par le Président de la République. Il dispose de l'administration.

Article 77 : Le Premier ministre est le chef du Gouvernement. A ce titre, il dirige l'action du Gouvernement.

Il assure l'exécution des lois. Sous réserve des dispositions des articles 66 et 67, il exerce le pouvoir réglementaire.

Il peut déléguer certains de ses pouvoirs aux ministres.

Il supplée le Président de la République à la présidence du Conseil des ministres sur délégation et pour un ordre du jour déterminé.

Il le supplée à la présidence du Conseil de sécurité nationale et du Comité de défense nationale.

Les actes du Premier ministre sont contresignés, le cas échéant, par les ministres chargés de leur exécution.

Article 78 : Le Gouvernement est responsable devant le Président de la République.

Article 79 : Les membres du Gouvernement remettent au Président de la Cour des comptes la déclaration écrite de leurs biens dans un délai maximum de trente jours après leur nomination.

Le Président de la Cour des comptes informe l'opinion nationale de l'accomplissement de la formalité de la déclaration et des mises à jour.

Les dispositions de l'article 52 sont applicables aux membres du Gouvernement.

Article 80 : Le Premier ministre présente, devant le Parlement, le plan d'action du Gouvernement. La présentation a lieu devant chacune des deux chambres trente jours au plus après le discours sur l'état de la Nation du Président de la République. Elle est suivie, le cas échéant, de débats assortis de recommandations sans vote.

Article 81 : Les fonctions de membre du Gouvernement sont incompatibles avec l'exercice de tout mandat parlementaire, de toute fonction de représentation professionnelle à l'échelle nationale ou locale, de tout emploi public ou de toute activité professionnelle et lucrative.

Article 82 : Les membres du Gouvernement sont pénalement responsables des crimes ou délits commis dans l'exercice de leurs fonctions.

La poursuite et l'instruction sont de la compétence de la Cour suprême. Le jugement relève des juridictions pénales de droit commun.

Pour la poursuite, l'instruction et le jugement, les dispositions du code de procédure pénale sont applicables.

CHAPITRE III : DE L'ADMINISTRATION

Article 83 : L'administration accomplit, sous différentes formes, les missions d'intérêt général en vue desquelles les services ont été institués.

Article 84 : L'administration participe à la promotion du développement économique, social et culturel en répondant, de façon adaptée, aux besoins de la collectivité nationale et des usagers, dans la transparence, le respect des droits de l'Homme et de la démocratie.

Article 85 : Les agents de l'administration sont tenus, dans l'exercice de leurs missions, de respecter les principes fondamentaux du service public comprenant la légalité, l'égalité, l'impartialité, la neutralité et la continuité.

Ils doivent adopter un comportement respectueux des règles d'éthique et de déontologie, en particulier, d'intégrité et de probité morale.

Article 86 : L'Etat veille à inscrire le recrutement des agents de l'administration dans le cadre de procédures transparentes qui assurent l'égalité des chances pour tous et à faire reposer le déroulement de leur carrière sur des critères de compétence et de professionnalisme.

Article 87 : L'Etat veille à offrir aux agents de l'administration les conditions de travail, de rémunération et de sécurité nécessaires au bon accomplissement de leurs missions.

CHAPITRE IV : DES AUTORITÉS ADMINISTRATIVES INDÉPENDANTES

Article 88 : Les Autorités administratives indépendantes exercent leurs missions, notamment dans les domaines de la médiation, de la régulation, de la vérification et du contrôle, de la protection des libertés et droits individuels, de l'organisation et la gestion des élections.

Les Autorités administratives indépendantes sont créées par la loi.

CHAPITRE V : DES FORCES ARMÉES ET DE SÉCURITÉ

Article 89 : Les Forces armées et de sécurité sont chargées de la défense de l'intégrité du territoire national, de la protection des personnes et de leurs biens, du maintien de l'ordre public et de l'exécution des lois.

Elles participent aux actions de développement économique, social, culturel et de protection de l'environnement du pays.

Article 90 : Les Forces armées et de sécurité sont au service de la Nation. Elles sont républicaines, apolitiques et soumises à l'autorité politique.

Article 91 : Les Forces armées ne peuvent être employées au maintien de l'ordre public que dans les conditions déterminées par la loi.

Article 92 : Les Forces armées et de sécurité peuvent participer à des missions extérieures de paix, de stabilisation ou de sécurité dans le cadre du respect des engagements internationaux du Mali.

Article 93 : L'Etat veille à ce que les Forces armées et de sécurité disposent, en permanence, de capacités en ressources humaines et en moyens matériels nécessaires pour accomplir leurs missions. La planification de ces ressources et moyens s'opère à travers des lois de programmation.

TITRE IV : DU POUVOIR LÉGISLATIF

CHAPITRE I : DES DISPOSITIONS GÉNÉRALES

Article 94 : Le Pouvoir législatif est exercé par le Parlement.

Le Parlement vote la loi et concourt à l'évaluation des politiques publiques.

Article 95 : Le Parlement comprend deux chambres : l'Assemblée nationale et le Sénat.

Le Congrès est la réunion des deux chambres du Parlement. La présidence du Congrès est assurée par le Président de l'Assemblée nationale et la vice-présidence par le Président du Sénat.

Article 96 : Les membres de l'Assemblée nationale portent le titre de député.

Les députés sont élus pour cinq ans au suffrage universel direct. Le mode de scrutin peut être majoritaire, proportionnel ou mixte.

Les Maliens établis à l'extérieur sont représentés à l'Assemblée nationale selon les modalités définies par la loi.

Article 97 : Les membres du Sénat portent le titre de sénateurs.

Le Sénat est constitué, pour trois quarts, de membres élus au suffrage universel indirect représentant les collectivités territoriales et, pour un quart, de membres désignés représentant les autorités et les légitimités traditionnelles, les Maliens établis à l'extérieur et de personnalités ayant honoré le service de la Nation.

Le mandat des membres du Sénat est de cinq ans.

Article 98 : Nul ne peut être à la fois membre de l'Assemblée nationale et du Sénat.

Article 99 : La loi détermine les modalités de l'élection des députés à l'Assemblée nationale. Elle détermine également les modalités de l'élection ou de désignation des sénateurs.

Article 100 : Une loi organique fixe, pour chacune des deux chambres, les conditions d'éligibilité, le régime des inéligibilités et des incompatibilités. Elle détermine également les conditions dans lesquelles il est procédé à leur remplacement en cas de vacance de siège.

Article 101 : Une loi organique fixe les indemnités et les autres avantages alloués aux députés et aux sénateurs.

Article 102 : Après leur installation officielle et dans un délai de trente jours, le Président de la Cour des comptes reçoit les déclarations écrites des biens des députés et des sénateurs.

Ces déclarations font l'objet de mises à jour annuelles et à la cessation des fonctions.

Le Président de la Cour des comptes informe l'opinion nationale de l'accomplissement de la formalité de la déclaration et des mises à jour.

Article 103 : Les députés et les sénateurs ne bénéficient de l'immunité parlementaire que dans le cadre de l'exercice de leurs fonctions. Ils ne peuvent être poursuivis, recherchés, arrêtés, détenus ou jugés en raison des opinions ou votes émis lors des sessions parlementaires.

Article 104 : Tout député ou tout sénateur, qui fait l'objet d'une condamnation criminelle définitive, est déchu de son mandat à la demande du ministre chargé de la Justice. Il en est de même lorsque le député ou le sénateur est condamné à une peine correctionnelle définitive égale ou supérieure à un an d'emprisonnement non assortie de sursis.

Article 105 : Tout mandat impératif est nul.

Le droit de vote des membres du Parlement est personnel. La loi organique peut autoriser exceptionnellement la délégation de vote. Dans ce cas, nul ne peut recevoir délégation de plus d'un mandat.

Article 106 : Tout député ou tout sénateur, qui démissionne de son parti politique ou de l'organisation qu'il représente, est déchu de son mandat.

La démission est dûment constatée par écrit. L'adhésion à un autre parti ou à une autre organisation est considérée comme une démission.

Le député ou le sénateur démissionnaire est remplacé dans les conditions déterminées par une loi organique.

CHAPITRE II : DU FONCTIONNEMENT DU PARLEMENT

Article 107 : L'Assemblée nationale et le Sénat se réunissent, de plein droit, en deux sessions ordinaires par an.

La première session commence le premier lundi ouvrable du mois d'octobre. Elle ne peut excéder soixante- quinze jours.

La deuxième session commence le premier lundi ouvrable du mois d'avril et ne peut excéder quatre-vingt- dix jours.

Article 108 : Le Parlement est réuni en session extraordinaire, soit à la demande du Président de la République, soit à la demande de la majorité des membres de l'Assemblée nationale ou du Sénat, sur un ordre du jour déterminé.

En cas de session extraordinaire, le décret de clôture intervient dès que le Parlement a épuisé l'ordre du jour pour lequel il a été convoqué et au plus tard quinze jours à compter de sa date de convocation.

Article 109 : Hors les cas dans lesquels le Parlement se réunit de plein droit, les sessions extraordinaires sont ouvertes et closes par décret du Président de la République.

Article 110 : Le député ou le sénateur a l'obligation de participer aux travaux des commissions et des séances plénières, sous peine de sanctions prévues par les règlements intérieurs de l'Assemblée nationale et du Sénat.

Article 111 : Chacune des chambres du Parlement établit son règlement intérieur. Le règlement intérieur du Congrès est établi par les deux chambres.

Article 112 : Le Président de l'Assemblée nationale et le Président du Sénat sont élus pour la durée de la législature.

Article 113 : Le Président de l'Assemblée nationale et le Président du Sénat peuvent faire l'objet d'une procédure de destitution pour manquement aux devoirs de leur charge.

Pour être recevable, l'initiative de la destitution doit être signée par, au moins, les deux tiers des membres de la chambre concernée.

Aucune procédure de destitution ne peut être initiée dans les deux premières années qui suivent l'entrée en fonction du Président de l'Assemblée nationale ou du Sénat.

La destitution est prononcée à la majorité des trois quarts des membres de la chambre concernée dans les conditions déterminées par son règlement intérieur.

En cas de destitution, l'Assemblée nationale ou le Sénat procède à l'élection d'un nouveau Président dans les conditions fixées par le règlement intérieur. Le nouveau Président achève le mandat du Président destitué.

Article 114 : Les séances des chambres du Parlement sont publiques. Toutefois, chaque chambre peut siéger à huis clos de sa propre initiative ou à la demande du Gouvernement. Le règlement intérieur en fixe les modalités.

Le compte rendu intégral des débats est publié au Journal officiel.

CHAPITRE III : DU DOMAINE DE LA LOI ET DU RÈGLEMENT

Article 115 : La loi est votée par le Parlement à la majorité simple.

Sont du domaine de la loi, outre les matières qui lui sont expressément dévolues par d'autres articles de la Constitution :

– les droits civiques et les garanties fondamentales accordés aux citoyens pour l'exercice des libertés publiques ;

– les sujétions imposées par la Défense nationale aux citoyens en leur personne et en leurs biens ;

– la nationalité, les droits civils, l'état et la capacité des personnes, les régimes matrimoniaux, les

– successions et libéralités, le régime de la propriété, des droits réels et des obligations civiles et commerciales, le régime des sociétés, l'expropriation ;

– les crimes et délits ainsi que les peines qui leur sont applicables, la procédure pénale, la police

– judiciaire, l'extradition, l'amnistie, la création des juridictions, le statut des officiers ministériels, le statut des professions juridiques et judiciaires ;

– le statut général des fonctionnaires ;

– le statut général du personnel des Forces armées et de sécurité ;

– le statut de la magistrature ;

– le statut des enseignants-chercheurs de l'enseignement supérieur et de la recherche scientifique ;

– le statut des ordres professionnels ;

– le régime d'émission de la monnaie, l'assiette, le taux et les modalités de recouvrement des impôts ;

– l'organisation générale de la défense et de la sécurité ;

– le droit du travail, de la Sécurité sociale, le droit syndical ;

– l'enseignement et la recherche ;

– la protection du patrimoine culturel et archéologique ;

– la comptabilité publique ;

– la protection de l'environnement ;

– les principes de la création, de l'organisation et du contrôle des services et organismes publics ;

– les nationalisations d'entreprises, les dénationalisations et le transfert de propriété d'entreprises du secteur public au secteur privé ;

– le régime électoral ;

– la libre administration des collectivités territoriales ;

– l'organisation administrative du territoire ;

– la gestion et l'aliénation du domaine de l'Etat ;

– l'organisation de la production ;

– l'organisation de la justice ;

– le régime pénitentiaire.

La loi de finances détermine les ressources et les charges de l'Etat dans les conditions fixées par une loi organique.

Les lois de programmation déterminent les objectifs de l'action économique, sociale, culturelle et de sécurité nationale de l'Etat.

Article 116 : Les matières autres que celles qui sont du domaine de la loi ont un caractère réglementaire.

Les textes de forme législative intervenus en ces matières antérieurement à l'entrée en vigueur de la présente Constitution peuvent être modifiés par décret après avis de la Cour suprême.

Ceux de ces textes qui interviendront après l'entrée en vigueur de la présente Constitution ne peuvent être modifiés par décret que si la Cour constitutionnelle a déclaré qu'ils ont un caractère réglementaire.

Les lois et les règlements sont publiés au Journal officiel.

Article 117 : La déclaration de guerre est autorisée par le Parlement réuni spécialement en Congrès à cet effet, à la majorité absolue de ses membres.

Le Président de la République en informe la Nation par un message.

Article 118 : L'état d'urgence et l'état de siège sont décrétés en Conseil des ministres.

Leur prorogation, au-delà de quinze jours, doit être autorisée par le Parlement à la majorité absolue de ses membres. Une loi en détermine les conditions.

CHAPITRE IV : DES RAPPORTS ENTRE LE POUVOIR EXÉCUTIF ET LE POUVOIR LÉGISLATIF

Article 119 : L'initiative des lois appartient concurremment au Président de la République et aux membres du Parlement.

Les projets de loi sont délibérés en Conseil des ministres après avis de la Cour suprême et déposés sur le bureau de l'une des deux chambres.

Les projets de loi de finances sont soumis, en premier lieu, à l'Assemblée nationale.

Les projets de loi ayant pour principal objet l'organisation du territoire, le statut des collectivités territoriales, le statut des autorités et des légitimités traditionnelles ainsi que les projets de loi relatifs à l'environnement et aux Maliens établis à l'extérieur sont soumis, en premier lieu, au Sénat.

L'ordre du jour des chambres comporte, par priorité et dans l'ordre fixé le Gouvernement, la discussion des projets de loi déposés par le Gouvernement et des propositions de loi.

Article 120 : Les membres du Parlement et le Gouvernement ont le droit d'amendement qui s'exerce en séance ou en commission selon les conditions fixées par les règlements intérieurs des chambres.

Après l'ouverture du débat, le Gouvernement peut s'opposer à l'examen de tout amendement qui ne lui aurait pas été antérieurement soumis.

Article 121 : Le Gouvernement peut, pour l'exécution de son plan d'action, demander au Parlement l'autorisation de prendre par ordonnance, pendant un délai limité, des mesures qui sont normalement du domaine de la loi.

Les ordonnances sont prises en Conseil des ministres après avis de la Cour suprême. Elles entrent en vigueur dès leur adoption, mais deviennent caduques si le projet de loi de ratification n'est pas déposé devant le Parlement avant la date fixée par la loi d'habilitation. À l'expiration du délai mentionné au premier alinéa du présent article, les ordonnances ne peuvent plus être modifiées que par la loi dans les matières qui sont du domaine législatif.

Article 122 : Si le Gouvernement le demande, la chambre saisie se prononce par un seul vote sur tout ou partie du texte en discussion en ne retenant que les amendements proposés ou acceptés par le Gouvernement.

Les propositions et amendements formulés par les membres du Parlement ne sont pas recevables lorsque leur adoption aurait pour conséquence, soit une diminution des ressources publiques, soit la création ou l'aggravation d'une charge publique, à moins que ces propositions ou amendements ne soient assortis d'une proposition de recettes ou d'économies équivalentes.

S'il apparaît, au cours de la procédure législative, qu'une proposition ou un amendement n'est pas du domaine de la loi, le Gouvernement peut opposer l'irrecevabilité. En cas de désaccord entre le Gouvernement et la chambre saisie, la Cour constitutionnelle, à la demande du Gouvernement ou du Président de la chambre concernée, statue dans un délai de huit jours.

Article 123 : Tout projet ou toute proposition de loi est examiné successivement par les deux chambres du Parlement en vue de l'adoption d'un texte identique.

La discussion des projets de loi porte, devant la première chambre saisie, sur le texte présenté par le Gouvernement.

Une chambre saisie d'un texte voté par l'autre chambre délibère sur le texte qui lui est transmis.

Lorsque, par suite d'un désaccord entre les deux chambres, un projet ou une proposition de loi n'a pu être adopté après deux lectures par les deux chambres, ou si le Gouvernement a déclaré l'urgence, après une seule lecture par chacune d'entre elles, le Premier ministre a la faculté de provoquer la réunion d'une commission mixte paritaire chargée de proposer un texte identique sur les dispositions restantes.

Le texte élaboré par la commission mixte peut être soumis par le Gouvernement pour approbation aux deux chambres. Aucun amendement sur ce texte n'est recevable, sauf accord du Gouvernement.

Si la commission mixte ne parvient pas à l'adoption d'un texte commun ou si ce texte n'est pas adopté dans les conditions prévues à l'alinéa précédent, le Gouvernement peut, après une nouvelle lecture par l'Assemblée nationale et le Sénat, demander à l'Assemblée nationale de statuer définitivement.

En ce cas, l'Assemblée nationale peut prendre, soit le texte élaboré par la commission mixte, soit le texte voté par elle, modifié, le cas échéant, par un ou plusieurs des amendements adoptés par le Sénat.

Article 124 : Les lois auxquelles la présente Constitution confère le caractère de loi organique sont votées dans les conditions suivantes :

– le projet ou la proposition ne peut, en première lecture, être soumis à la délibération et au vote des chambres du Parlement qu'à l'expiration d'un délai de quinze jours après son dépôt ;

– la procédure de l'article 123 est applicable ;

– il est adopté à la majorité absolue des membres de chaque chambre.

Toutefois, faute d'accord entre les deux chambres, le texte est adopté en dernière lecture par l'Assemblée nationale à la majorité absolue de ses membres.

Les lois organiques ne peuvent être promulguées qu'après la déclaration, par la Cour constitutionnelle, de leur conformité à la Constitution.

Article 125 : Le Parlement est saisi du projet de loi de finances dès l'ouverture de la session ordinaire précédant la période budgétaire.

Si l'Assemblée nationale ne s'est pas prononcée en première lecture dans le délai de quarante jours après le dépôt du projet de loi de finances, le Gouvernement saisit le Sénat qui doit statuer dans un délai de quinze jours. Il est fait application de la procédure prévue à l'article 123.

Si le Parlement ne s'est pas prononcé dans un délai de soixante-dix jours, le budget est alors établi d'office par le Gouvernement sur la base des recettes de l'exercice précédent et après avis de la Cour des comptes.

Article 126 : Devant l'une ou l'autre des chambres du Parlement, le Premier ministre peut, de sa propre initiative ou à la demande du Président de l'une des chambres, faire, sur un sujet déterminé, une déclaration qui donne lieu à un débat sans vote.

Article 127 : Le Parlement contrôle l'action du Gouvernement.

Les membres du Parlement peuvent poser des questions écrites aux ministres qui sont tenus d'y répondre dans les quinze jours suivant la date de leur réception. Les questions et les réponses sont publiées au Journal officiel.

Les membres du Parlement peuvent poser aux ministres des questions orales et des questions d'actualité selon les modalités déterminées par le règlement intérieur de chaque chambre.

Article 128 : Chaque chambre du Parlement peut désigner, en son sein, des commissions d'enquête dont les pouvoirs et les modalités d'organisation et de fonctionnement sont fixés par son règlement intérieur.

Toutefois, il ne peut être créé de commission d'enquête lorsque les faits ont donné lieu à des poursuites judiciaires et aussi longtemps que ces poursuites sont en cours. Si une commission a déjà été créée, sa mission prend fin dès l'ouverture d'une information judiciaire relative aux faits qui ont motivé sa création.

TITRE V : DU POUVOIR JUDICIAIRE

CHAPITRE I : DES DISPOSITIONS GÉNÉRALES

Article 129 : Le pouvoir judiciaire est indépendant des pouvoirs exécutif et législatif. Il s'exerce par la Cour suprême, la Cour constitutionnelle, la Cour des comptes et les autres Cours et Tribunaux.

Les modes alternatifs et traditionnels de règlement des différends sont autorisés dans les conditions déterminées par la loi.

Article 130 : Le pouvoir judiciaire est gardien des libertés définies par la présente Constitution. Il veille au respect des droits et des libertés. Il est chargé d'appliquer, dans le domaine qui lui est propre, les lois et les règlements de la République.

Article 131 : La justice est rendue au nom du Peuple malien.

Les décisions de justice sont rendues sur le seul fondement de l'application impartiale de la loi.

Les jugements sont rédigés dans les délais prévus par les lois et règlements en vigueur, sous peine de sanction administrative.

Article 132 : Les juges ne sont soumis, dans l'exercice de leurs fonctions, qu'à l'autorité de la loi. Les magistrats du siège sont inamovibles.

Article 133 : Tout manquement de la part du juge à ses devoirs d'indépendance, d'impartialité et de probité constitue une faute professionnelle grave passible de sanctions disciplinaires, sans préjudice, le cas échéant, de poursuites judiciaires.

Article 134 : Le Président de la République est garant de l'indépendance du pouvoir judiciaire. Il est assisté par le Conseil supérieur de la magistrature.

Article 135 : Le Conseil supérieur de la magistrature veille sur la gestion de la carrière des magistrats et donne son avis sur toute question concernant l'indépendance de la magistrature.

Il statue comme conseil de discipline pour les magistrats.

Article 136 : Le Conseil supérieur de la magistrature peut être saisi par un justiciable dans les conditions fixées par une loi organique.

Article 137 : Le Conseil supérieur de la magistrature est constitué pour moitié de personnalités choisies en dehors du corps des magistrats.

Article 138 : Une loi organique fixe les attributions, la composition, l'organisation et les règles de fonctionnement du Conseil supérieur de la magistrature.

CHAPITRE II : DE LA COUR SUPRÊME

Article 139 : La Cour suprême est la plus haute juridiction en matière judiciaire et administrative. Elle a des compétences contentieuses et consultatives.

Article 140 : La Cour suprême statue souverainement sur les pourvois en cassation dirigés contre les arrêts et jugements rendus en dernier ressort dans les matières relevant de sa compétence.

Article 141 : La Cour suprême émet des avis sur toute question de droit entrant dans le champ de ses compétences.

Article 142 : La Cour suprême est présidée par un magistrat nommé par décret du Président de la République sur proposition conforme du Conseil supérieur de la magistrature.

Le Vice-président et les autres membres de la Cour suprême sont nommés dans les mêmes conditions.

Article 143 : Une loi organique fixe les attributions, l'organisation, les règles de fonctionnement ainsi que la procédure suivie devant la Cour suprême.

CHAPITRE III : DE LA COUR CONSTITUTIONNELLE

Article 144 : La Cour constitutionnelle est juge de la constitutionnalité des lois et elle garantit les droits fondamentaux de la personne humaine et les libertés publiques.

Elle est l'organe régulateur du fonctionnement des institutions et de l'activité des pouvoirs publics.

Article 145 : La Cour constitutionnelle comprend neuf membres qui portent le titre de conseillers. Le mandat des conseillers est de sept ans non renouvelable.

Les neuf membres de la Cour constitutionnelle sont désignés comme suit :

– deux, par le Président de la République ;

– un, par le Président de l'Assemblée nationale ;

– un, par le Président du Sénat ;

– deux, par le Conseil supérieur de la magistrature ;

– deux enseignants-chercheurs de droit public désignés par un Collège constitué par les recteurs des universités publiques de droit ;

– un, par l'Ordre des avocats.

Les conseillers sont choisis à titre principal parmi les enseignants-chercheurs de droit public, les avocats et les magistrats ayant au moins quinze ans d'expérience, ainsi que les personnalités qualifiées qui ont honoré le service de la Nation.

Les conseillers ainsi désignés sont nommés par décret du Président de la République.

Article 146 : Le Président de la Cour constitutionnelle est élu par ses pairs.

En cas d'empêchement temporaire, ses fonctions sont assurées par le conseiller le plus âgé.

En cas de décès ou de démission d'un conseiller, le nouveau membre est choisi par l'autorité de désignation concernée et achève le mandat commencé.

Article 147 : La Cour constitutionnelle connaît obligatoirement de la constitutionnalité des lois organiques avant leur promulgation et des règlements intérieurs de l'Assemblée nationale, du Sénat et du Congrès avant leur mise en application.

Les lois organiques sont soumises par le Président de la République à la Cour constitutionnelle avant leur promulgation.

Les autres catégories de lois, avant leur promulgation, peuvent être déférées à la Cour constitutionnelle par le Président de la République, le Président de l'Assemblée nationale ou un dixième des députés, le Président du Sénat ou un dixième des sénateurs.

Les règlements intérieurs de l'Assemblée nationale et du Sénat sont soumis à la Cour constitutionnelle par les Présidents desdites institutions avant leur mise en application. Il en est de même du règlement intérieur du Congrès.

La saisine de la Cour constitutionnelle suspend le délai de promulgation de la loi.

Dans les cas prévus aux alinéas 1 et 3 du présent article, la Cour constitutionnelle statue dans le délai de trente jours. Toutefois, à la demande du Gouvernement, s'il y a urgence, ce délai est ramené à huit jours.

Une disposition déclarée inconstitutionnelle ne peut être promulguée ou appliquée.

Article 148 : La Cour constitutionnelle statue sur les conflits d'attributions entre les institutions de la République. Elle est saisie par les Présidents des institutions concernées.

Article 149 : La Cour constitutionnelle contrôle la régularité de l'élection du Président de la République et des opérations de référendum. Elle examine les réclamations et proclame les résultats définitifs.

Article 150 : La Cour constitutionnelle statue, en cas de contestation, sur la régularité de l'élection des députés et de l'élection ou la désignation des sénateurs.

Article 151 : La Cour constitutionnelle est saisie, en cas de contestation de la validité d'une élection, par tout candidat, tout parti politique ou par l'autorité chargée de l'organisation des élections.

Lorsqu'elle fait droit à une requête, la Cour peut, selon le cas, annuler l'élection contestée ou réformer les résultats.

Article 152 : Les engagements internationaux prévus à l'article 182 peuvent être déférés, avant leur ratification, à la Cour constitutionnelle par le Président de la République, le Président de l'Assemblée nationale ou un dixième des députés, le Président du Sénat ou un dixième des sénateurs.

La Cour constitutionnelle vérifie, dans un délai de trente jours, si ces engagements comportent une clause contraire à la Constitution.

Toutefois, à la demande du Président de la République, s'il y a urgence, ce délai est ramené à huit jours. Un engagement déclaré contraire à la Constitution ne peut être ratifié.

Article 153 : Lorsque, à l'occasion d'une instance en cours devant une juridiction, il est soutenu par un justiciable qu'une disposition législative porte atteinte aux droits et libertés garantis par la Constitution, la Cour constitutionnelle peut être saisie de cette question sur renvoi de la Cour suprême.

Lorsque l'exception d'inconstitutionnalité est transmise, la juridiction sursoit à statuer jusqu'à réception de la décision de la Cour constitutionnelle.

Une disposition déclarée inconstitutionnelle sur le fondement de l'alinéa précédent est abrogée. La Cour constitutionnelle détermine les effets de cette abrogation.

Une loi organique détermine les modalités d'application du présent article.

Article 154 : Les décisions de la Cour constitutionnelle ne sont susceptibles d'aucun recours. Elles s'imposent aux pouvoirs publics, à toutes les autorités administratives et juridictionnelles et à toutes les personnes physiques et morales.

Article 155 : Une loi organique fixe les règles d'organisation et de fonctionnement de la Cour constitutionnelle, ainsi que la procédure suivie devant elle.

CHAPITRE IV : DE LA COUR DES COMPTES

Article 156 : La Cour des comptes est la juridiction supérieure des finances publiques et l'institution supérieure de contrôle des finances publiques. Elle a des attributions juridictionnelles, de contrôle et de consultation.

Article 157 : La Cour des comptes assiste le Gouvernement et le Parlement dans le contrôle de l'exécution des lois de finances et l'évaluation des politiques publiques.

Article 158 : La Cour des comptes juge les comptes des comptables publics de deniers et de matières.

Elle contrôle la régularité des opérations financières, sanctionne les fautes de gestion, déclare et apure les gestions de fait.

Article 159 : La Cour des comptes peut, à tout moment, exercer tout contrôle, soit de sa propre initiative, soit à la demande du Président de la République, du Premier ministre, du Président de l'Assemblée nationale ou du Sénat.

Article 160 : La Cour des comptes vérifie les comptes des partis politiques.

Article 161 : La Cour des comptes reçoit les déclarations de biens des assujettis visés aux articles 56, 79 et 102.

Article 162 : Le Président et les autres membres de la Cour des comptes sont nommés par décret du Président de la République après avis conforme du Conseil supérieur de la magistrature.

Article 163 : Une loi organique fixe les attributions, l'organisation, les règles de fonctionnement de la Cour des comptes ainsi que la procédure suivie devant elle.

TITRE VI : DU CONSEIL ÉCONOMIQUE, SOCIAL, ENVIRONNEMENTAL ET CULTUREL

Article 164 : Le Conseil économique, social, environnemental et culturel a compétence sur toutes les questions de développement économique, social, environnemental et culturel.

Il participe à toute commission d'intérêt national à caractère économique, social, environnemental et culturel.

Article 165 : Le Conseil économique, social, environnemental et culturel collecte annuellement les besoins, les attentes et les problèmes de la société et rédige un rapport avec des orientations et des propositions. Ce rapport est adressé au Président de la République, au Premier ministre et aux Présidents des deux chambres du Parlement.

Il procède, avec le Gouvernement une fois par an, à l'évaluation des suites réservées aux recommandations du rapport.

Article 166 : Le Conseil économique, social, environnemental et culturel peut, de sa propre initiative, entreprendre des études assorties de propositions sur toute question à caractère économique, social, environnemental et culturel intéressant la vie de la Nation.

Les rapports des études sont communiqués au Président de la République, au Premier ministre et aux Présidents des deux chambres du Parlement.

Article 167 : Le Conseil économique, social, environnemental et culturel est consulté par le Président de la République sur tout projet de loi de finances, tout projet de plan ou de loi de programmation.

A la demande du Président de la République, il donne son avis sur les projets de lois, d'ordonnances ou de décrets relatifs aux questions entrant dans les domaines de sa compétence.

Article 168 : Le Conseil économique, social, environnemental et culturel est composé :

de représentants des syndicats, des associations et des groupements socioprofessionnels ;

de représentants des organisations de femmes et de jeunes ;

de représentants des Maliens établis à l'extérieur.

Il comprend en outre des membres associés choisis en raison de leurs compétences reconnues dans les domaines économique, social, environnemental ou culturel.

Les membres du Conseil économique, social, environnemental et culturel portent le titre de Conseiller de la République.

Article 169 : Le Conseil économique, social, environnemental et culturel se réunit chaque année de plein droit en deux sessions ordinaires de trente jours, chacune, sur convocation de son Président.

Il peut se réunir en session extraordinaire, à la demande de son Président ou de la majorité de ses membres, pour une durée qui ne peut excéder dix jours. Le décret de convocation et de clôture est pris par le Président de la République.

Les séances du Conseil économique, social, environnemental et culturel sont publiques.

Toutefois, il peut siéger à huis clos de sa propre initiative ou à la demande du Président de la République.

Article 170 : Le Président du Conseil économique, social, environnemental et culturel est élu par ses pairs lors de la séance d'ouverture de la première session pour un mandat de cinq ans.

Article 171 : Aucun membre du Conseil économique, social, environnemental et culturel ne peut être poursuivi, recherché ou jugé pour des opinions émises par lui lors des séances du Conseil.

Article 172 : Le Président du Conseil économique, social, environnemental et culturel peut faire l'objet d'une procédure de destitution pour manquement aux devoirs de sa charge.

Pour être recevable, l'initiative de la destitution doit être signée par au moins les deux tiers des membres du Conseil.

Aucune procédure de destitution ne peut être initiée dans les deux premières années qui suivent l'entrée en fonction du Président.

La destitution est prononcée à la majorité des trois quarts des membres du Conseil dans les conditions déterminées par une loi organique.

En cas de destitution, le Conseil procède à l'élection d'un nouveau Président dans les conditions fixées par la loi organique. Le nouveau Président achève le mandat du Président destitué.

Article 173 : L'organisation, les règles de fonctionnement et de désignation des membres du Conseil économique, social, environnemental et culturel sont fixées par une loi organique.

TITRE VII : DE L'ORGANISATION DU TERRITOIRE

Article 174 : L'organisation du territoire de la République repose sur les principes de déconcentration et de décentralisation.

Le territoire est subdivisé en circonscriptions administratives et en collectivités territoriales.

Article 175 : Les circonscriptions administratives constituent le cadre territorial de représentation et d'intervention de l'Etat.

Article 176 : Les collectivités territoriales constituent le cadre territorial de participation des populations à la gestion de leurs propres affaires.

Elles s'administrent librement par des conseils élus dans les conditions déterminées par la loi.

Article 177 : Les circonscriptions administratives et les collectivités territoriales sont créées et supprimées par la loi.

Article 178 : L'Etat veille au développement harmonieux des collectivités territoriales sur la base de la solidarité nationale.

À cet effet, il peut attribuer, par la loi, pour une durée limitée, des compétences et des ressources exceptionnelles à un ou plusieurs niveaux de collectivités territoriales, dans le respect de l'unité nationale et de l'intégrité du territoire.

TITRE VIII : DES AUTORITÉS ET LÉGITIMITÉS TRADITIONNELLES

Article 179 : Les autorités et légitimités traditionnelles, gardiennes des valeurs de la société, contribuent au renforcement du vivre-ensemble et de la cohésion sociale, à la prévention et à la gestion des conflits.

Les différentes catégories d'autorités et de légitimités traditionnelles, leurs rôles et les modalités de leur intervention sont déterminés par la loi.

TITRE IX : DE L'UNITÉ AFRICAINE

Article 180 : La République du Mali peut conclure, avec tout Etat africain, des accords d'association ou d'intégration comprenant abandon partiel ou total de souveraineté en vue de réaliser l'unité africaine.

TITRE X : DES TRAITES ET ACCORDS INTERNATIONAUX

Article 181 : Le Président de la République négocie et ratifie les traités. Il est informé de toute négociation tendant à la conclusion d'un accord international non soumis à ratification.

Article 182 : Les traités de paix, de commerce, les traités ou accords relatifs aux organisations internationales, ceux qui engagent les finances de l'Etat, ceux qui sont relatifs à l'état des personnes, ne peuvent être approuvés ou ratifiés qu'en vertu de la loi. Ils ne prennent effet qu'après avoir été approuvés ou ratifiés.

Article 183 : Les traités ou accords régulièrement ratifiés ou approuvés ont, dès leur publication, une autorité supérieure à celle des lois, sous réserve, pour chaque traité ou accord, de son application par l'autre partie.

TITRE XI : DE LA REVISION

Article 184 : L'initiative de la révision de la Constitution appartient concurremment au Président de la République et aux membres du Parlement.

Le projet ou la proposition de révision doit être adopté en termes identiques par les deux chambres du Parlement à la majorité des deux tiers de leurs membres.

La révision n'est définitive qu'après avoir été approuvée par référendum.

Article 185 : Aucune procédure de révision ne peut être engagée ou poursuivie lorsqu'il est porté atteinte à l'intégrité du territoire.

La forme républicaine de l'Etat, la laïcité, le nombre de mandats du Président de la République et le multipartisme ne peuvent faire l'objet de révision.

TITRE XII : DES DISPOSITIONS PARTICULIÈRES

Article 186 : Le fondement de tout pouvoir en République du Mali réside dans la Constitution.

Le Peuple a le droit à la désobéissance civile pour la préservation de la forme républicaine de l'Etat.

Article 187 : Tout coup d'Etat ou putsch est un crime imprescriptible contre le Peuple malien.

Article 188 : Les faits antérieurs à la promulgation de la présente Constitution couverts par des lois d'amnistie ne peuvent, en aucun cas, faire l'objet de poursuite, d'instruction ou de jugement.

TITRE XIII : DES DISPOSITIONS TRANSITOIRES

Article 189 : La législation en vigueur demeure valable dans la mesure où elle n'est pas contraire à la présente Constitution et où elle n'est pas l'objet d'une abrogation expresse.

Article 190 : Jusqu'à la mise en place des nouvelles institutions, les institutions établies continuent d'exercer leurs fonctions et attributions.

Toutefois, les activités de la Haute Cour de Justice prennent fin dès la promulgation de la présente Constitution.

TITRE XIV : DES DISPOSITIONS FINALES

Article 191 : La présente Constitution sera soumise au référendum. Au cas où elle recueille la majorité des suffrages exprimés, le Président de la Transition, Chef de l'Etat, procède à sa promulgation dans les huit jours suivant la proclamation des résultats définitifs du référendum par la Cour constitutionnelle.

Bamako, le 22 juillet 2023

Le Président de la Transition, Chef de l'Etat,

Colonel Assimi GOITA

TABLE DES MATIÈRES